学級担任のための
子どもの発達が気になったらまず読む本

授業づくり編

監修 笹森洋樹

編著 井上秀和

明治図書

まえがき

学習指導と生徒指導は学校教育における車の両輪です。学校がすべての子どもたちにとって楽しく、安心して、主体的に、そして意欲的に学べる場になるためには、誰にとってもわかりやすい授業やお互いが認め合い支え合う支持的な学級づくりが求められます。

子どもの実態に応じて教え方や学び方は違い、授業は教師と子どもたちの関係で常に新しいものが創られていきます。子どもの学習の様子を観察するときに、どうしてもうまく学べていない子どもに注目しがちになります。思うような学習成果が上げられていない子どもには丁寧な個別的な指導により少しでも成果がでるようにと考えます。そのとき学習の評価の基準をどこに置くかがとても重要です。その時点では他の子どもたちと同じように目標達成することが難しい子どももいます。同じ目標が達成できたかどうかだけでなく、どの位できることが増えているかを評価することも大切です。できないことよりも、できたことに注目して認めてもらえることが次の学習意欲につながっていくと思います。

学校の集団生活は様々な考え方の子どもたちで営まれていきます。物事の捉え方や考え方、受け止め方、価値観は子ども一人一人違います。全員が同じ価値観をもち、同じ方向を見て生活している集団は広がりがなく、実は学びの少ない集団になっているかもしれません。価値観が違う子ども同士が集まるところには、時としてトラブルが生じます。故意に相手を困らせようとしているわけではなく、自分が正しいと思っていること、価値観の違いがトラブルにつながる場合もあるということだと思います。物事の捉え方や考え方、受け止め方の違いは、一人一人の学び方の違いにつながっている場合もあります。自分に合った学び方により学習意欲を高め、さらに違った学び方も身につけることにより、困難な場面や状況が軽減され、学びの場としての学校生活がより安心、安定したものになっていきます。物事の捉え方や考え方、受け止め方の違い、価値観の違いを知ることは、自分の物事の捉え方や考え方、受け止め方、価値観を広げる貴重な機会になります。いろいろなトラブルを経験して子どもたちの学びは広がっていきます。また、それは教師の学びの広がりにもなっていると思います。大切なのは、教師の価値観（一般的な規範）を教え込むのではなく、子どもたち自身がどうすればよいのかを考えさせることが教育であり、教師の仕事ではないでしょうか。

そこで、ちょっとおこがましいタイトルの本をつくりました。内容を少し紹介します。1章は、「『発達が気になる子』と関わる担任が読んでおきたいこと」です。学級で気になる子どもをみる視点、安心できる学級づくりやわかる授業、個に応じた指導と集団への支援、チームによる支援などです。発達障害や特別支援教育について知っておいてほしいことというよりは、通常の学級における学級づくりやわかる授業、生徒指導などにおいて特別支援教育の視点から大切にしてほしいことをまとめました。2章は、「どうすればいい？　授業で『発達が気になる子』とその対応」です。通常の学級において学習面で気になる子の様子が挙げられています。その背景や要因を考えることで支援の工夫が見えてきます。実践豊富な先生方に執筆をお願いし、子どもの特性を理解し、子どもの思いや願いを汲み取り、子どもと一緒に困っていることの対応を考えていく道筋をわかりやすく示していただきました。家庭学習でも役立つ内容になっています。

最後に、学校がすべての子どもたちにとって、楽しく、安心して、主体的に、そして意欲的に学べる場になるために、この本が少しでもお役に立てたら幸いです。

監修者　笹森　洋樹

もくじ

1章 「発達が気になる子」と関わる担任が読んでおきたいこと

2章

どうすればいい？ 授業で「発達が気になる子」とその対応

1章

「発達が気になる子」と関わる担任が読んでおきたいこと

1 発達障害の特性をおさえる

まずは、本書の中でも繰り返し出てくる主な発達障害について簡単におさえておきます。

発達障害は中枢神経系の機能に生まれつきのアンバランスさがあり、自らの力でコントロールすることが難しいため、社会生活上に様々な不適応状態を引き起こすことがあります。

原因は脳の働きにありますが、**努力不足や意欲、やる気の問題であると誤解されてしまう**ことも多く見られます。障害の特性から生じる学習や社会生活上の困難さから不全感を感じたり、失敗経験を多く経験したりすることなど、心の問題に対する支援がとても重要になります。

見通しをもてないことが不安感につながるASD

対人関係や社会性に困難のある自閉スペクトラム症（ＡＳＤ）のある子どもは、先の見通しをもてないことが不安感につながるため、予想外の出来事が多い通常の学級での集団生活では、毎日不安感を抱きながら生活している可能性があります。

先生と子ども、子ども同士の暗黙の了解や例え話、遠回しの表現など曖昧で抽象的な内容が多くなるほど、相手の意図を汲み取り、理解することが難しくなってきます。相手の気持ちを推し量ることや自分の言動が周りにどのような影響を与えているのかなど、周囲の状況を把握することにも難しさがあります。他の多くの子どもにはそれほど困難を感じない状況でも、大きな不安を抱えてしまうことがあるということです。

ルールが守れず信頼を失いやすいADHD

行動面に課題のある注意欠陥多動性障害（ＡＤＨＤ）のある子どもは、不注意や多動、衝動性という特性があります。自分の気持ちや行動をコントロールしきれずに、無意識にとった行動が、結果として問題となる行動につながりやすいところがあります。早合点やうっかりミス、不注意な誤りによる失敗経験も多くなります。また、指示が聞けない、ルールや約束が守れないことは、友だちとのトラブルを発生しやすく、先生や友だちから注意や叱責を受けることも多くなります。期待通りの行動がとれないことは、周りからの信頼も失いやすいことにつながります。結果として、自己評価や自己肯定感がとても下がってしまう状態に陥りやすくなってしまいがちです。

やる気の問題や努力不足と見られがちなＬＤ

学習面に困難のある学習障害（ＬＤ）のある子どもは、例えば与えられた課題について、その内容は理解できているにもかかわらず、読み書きや計算、推論する能力など基礎的学力の領域の機能に弱さがあるため、学習活動に様々な困難を生じてしまいます。学習内容がわかる、問題解決ができる等の学習の遂行能力の問題は、学校における適応状態に直結してしまいます。失敗経験ばかりで成就感や達成感が得られにくいことは、学習に対する自信や意欲の低下にもつながってしまいます。できることと難しいことのギャップが大きいことも特徴であり、やる気の問題や努力不足と見られがちなところもあります。

二次的な障害を起こさない対応が大切

発達障害のある子どもは、全体を把握する力が弱く、部分的・個別的なものに強く反応しやすいところがあります。相互性があり、多様な状況に対応しなければならない対人関係にも困難さを抱える子どもが多く見られます。その場の衝動的な反応が多い一方で、相手の感情や情緒を読み取り適切な対応をとることに弱さがあります。固定観念にとらわれやすく、場面状況に臨機応変に対応することも苦手です。自分の気持ちを言葉でうまく表現できない、語彙が少なく表現が拙い等、コミュニケーション能力の弱さは、友だち関係を維持することに困難を抱えます。失敗を成功に変えていく経験の不足は、失敗に対する過敏さ、気持ちの切り替えの拙さ、全面的な自己否定の考え方にもつながってしまいます。

本来の障害特性により引き起こされる学習面や生活面、行動面や対人関係の面における様々なつまずきや失敗経験が積み重なり、教師や友だちからの無理強い等、不適切な対応が繰り返されると、精神的ストレスや不安感が高まり、自信や意欲の喪失、自己評価や自尊感情の低下などからさらなる適応困難の状態、例えば不登校やひきこもり、あるいは反社会的行動等の症状につながることもあります。発達障害のある子どもの学校生活におけるこれらの不適応の問題は、本来の障害特性である一次障害によるものだけでなく、**適切な対応がなされないことによる二次的な障害によるものも多い**と考えられます。

2 子どもを「みる」視点を変える

これまでの方法では対応できないという気づきから

学級の中には、例えば、漢字の書き取りの課題を出したとき、十回の書き取りで漢字を覚える子どももいれば、三十回書いてもなかなか覚えられない子どももいます。そのような子どもの場合に、障害をベースとした認知特性があるかもしれない、特別な教育的ニーズのある子どもかもしれないと捉えてみることができれば、支援が必要という発想につながります。自分がこれまで取り組んできた方法だけではうまく対応できないと気づき、**「学び方に特性のある子どもではないか？」という見立てができること**が大切です。通常の学級における特別支援教育はそのような気づきと見立てから始まります。「気になる子」について、様々な場面の行動観察から子どもをみる目を磨いてほしいと思います。

学習面等につまずきのある子どもに対する支援は、これまでも学校現場では様々に取り組まれてきましたが、やはり、特別支援教育における専門的な知識を少しでももっていることで、学び方に特性のある子どもの気づきと、見立てにつながると思います。

障害があっても学びやすい指導を工夫する

学習面等につまずきのある子どもに対して、その子どもに力をつけて、できるだけ集団でも力が発揮できるようになってほしいと思います。しかし、学び方に特性のある子どもにとっては、授業の進め方が合っていなかったり、学級における人間関係が円滑に図りにくかったりする場合があります。どのような環境ならば、その子どもが自分の力を発揮して、安心して過ごせるだろうかと検討する視点をもっていたいと思います。その子どもの個の力を高めることも必要ですが、一方で、個の力だけではどうしようもない場合には環境を変えていく発想も大切です。常にその両面を意識して支援を考えたいと思います。

インクルーシブ教育は、障害のある子どもに障害のない子どもと一緒に学べるための力をつけさせるという考え方ではありません。**障害があっても学びやすい指導、支援の工夫**

をすることにより、通常の学級で一緒に学ぶことを目指します。個別的な指導、支援を工夫することと、安心できる環境をつくることが大切です。

子どもを「みる」ときに大切なこと

氷山モデルで子どもの支援を考えるという方法があります。氷山は海面に見えるのはほんのわずかな部分で、海面下に大きな部分が隠れています。例えば、子どもが暴言を吐いたり、危険な行動をしたりする行動問題は「海上」に突き出た、目に見えている部分と捉えられます。その行動をすぐに止めるということは当然重要ですが、「海上」に出ている部分だけを見て手立てを考えるのではなく、子どもの「海面下」の見えない部分について「その行動はなぜ起きるのだろう?」と行動の背景や要因を考えるということがより重要です。教室を飛び出してしまう行動をやめさせたいと思うのは、子どもたちの安全確保、危機管理の面から優先すべき対応ですが、それは教師側のニーズです。その行動をとった子どもからすれば、やむをえない、どうしようもない状況があるために、そのような行動に出たと捉えます。そこでは、子どもの思いや願いをできるだけ汲み取っていくことが大切になります。

子どもの思いや願いを汲み取る

そのためには、子どもとしっかりコミュニケーションをとることが大切です。**問題が起きたときだけ子どもとやり取りするのではなく、日頃からコミュニケーションをとること**です。そうすることで、その子どもがどういう考え方をしているかがわかります。また、これからは支援会議や個別の指導計画を作成する際に、保護者が参加するだけでなく、できるだけ子ども本人も加わって、本人の気持ちや願いを反映できるような形で進めていくことが望まれます。本人に支援会議に参加してもらっている学校があります。「あなたに困っていることがありそうだから会議を開こう」という設定ではなく、「どのような学び方があなたには合っているのか」「これからあなたが学校生活を楽しく送れるためには」など前向きに一緒に考えようというスタンスです。障害者権利条約でも取り上げられる**「私たち抜きに、私たちのことを決めないで」**というスローガンがあります。学校教育でもこの視点をぜひおさえておいてもらいたいと思います。

3

「気になる子」の気づきは行動観察から

気になる様子を簡単なメモ書きに記録しておく

「気になる子」の実態把握を進めるにあたっては、まず、子どもを直接指導している先生方の気づきから始まります。授業に取り組む態度や学習内容の定着の状況などから、子どもに生じている困難さに気づくことができるように、日頃からアンテナを高くしておき、行動観察ができる目を養うことが大切になります。子どもの気になる様子はどのような場面でよく見られるのか、場面や状況による違いはあるのか、困っていることについての発信はできるのかなど、観察したことを、後で要因や背景の分析をしたり、具体的な対応を検討したりするため簡単なメモ書きに記録しておくようにします。

授業中に適切でない行動が見られる場合には、その行動のきっかけや要因となっていることは何か、そのときの教師の対応に子どもはどのような反応をしたか、また、その行動の結果、本人の様子はどうだったかなど、行動の前後関係を意識して観察し、情報を集めておくようにします。学習内容の定着に困難さがある場合には、うまく取り組めていない教科や学習内容を把握しておくほか、読むことや書くこと、言葉や文字で表現すること、計算すること、推論することといった学習に必要とされる基礎的な学力について観察し、情報を集めておきます。

行動観察、実態把握は複数の目で行う

このような行動観察で得られた情報から、実態把握を進めていくことになりますが、担任など一人の教員だけで行おうとした場合には、十分な情報が得られなかったり、情報の読み取りが偏ってしまったりすることもあります。そこで、同学年の先生方や特別支援教育コーディネーターと一緒に情報を収集したり、校内委員会を利用したりするなどして、**できるだけ複数の教職員で観察、情報収集、情報の分析を行うこと**が重要になります。その際、校内に専門性のある教師が少ない場合には、教育委員会に設置された専門家チーム

や巡回相談員、特別支援学校のセンター的機能を活用するなどして、専門性を確保するようにします。

専門的見地からの実態把握も視野に

また、特別支援学校、通級指導教室などの教育資源や医療・福祉などの関係機関と連携して、例えば心理検査等を実施するなど、専門的な見地からの実態把握を行うことも考えられます。校内委員会や特別支援教育コーディネーターを窓口にして、積極的に連携を図るようにします。

実態把握の基本は行動観察から始まりますが、検査等を活用することにより、心理アセスメント、発達アセスメント、学力や行動のアセスメント、社会性のアセスメントなどを行うことができます。子どもの特性をより詳細に把握することで、科学的な根拠に基づいた適切な指導や必要な支援を検討することができるようになります。その他、保護者と連携し、プライバシーにも留意しつつ、地方公共団体が実施する乳幼児健診の結果や就学前の療育の状況、就学相談の内容を参考とすることも考えられます。

なお、検査等によるアセスメントの実施には、個人情報の取扱いなど倫理面の配慮を十分にしておく必要があります。

行動観察による実態と関連づける

行動観察により担任として見立てた子どもの実態から、検査結果等から裏づけられるものは何か、検査結果にあらわれている特性で日頃の行動観察では気がついていないところはないかなど、担任等の学校関係者の実態把握と検査結果を関連づけて、効果的な指導や支援につなげていきます。相談機関や専門機関から得たいものは、診断名や障害名ではなく、子どもの生活上、学習上の困難さに関する特性の見方とそれに対する指導、支援の方法です。教師も保護者も子どもが難しいことを知るだけではなく、難しいことに対する支援の手立てを具体的に考えるための指導助言を得ることにより、保護者、教師が共通理解したうえで、支援を協働していくことが大切です。

4 学習環境を整え、安心できる学級づくりをする

特別な教育的ニーズの見極めの難しさ

学級の中の「気になる子」は、学習活動において他の子どもたちと同じように取り組むことが難しい面が見られることが多い一方で、学級の多くの子どもたちと同じように取り組めたり、場合によっては同等以上に能力を発揮したりしている場合もあります。

そこに能力的な遅れや偏りがあるのかどうか、特別な教育的ニーズがあるのかどうか、担任等が一人で判断することはとても難しい状況があります。取り組めていることがあると、うまく取り組めていないことについて「努力不足」や「わがまま」によるものとつい受け止められてしまい、適切な対応がなされないままにつまずきや失敗経験だけが積み重なっている子どももいます。

個々の子どもと学習環境の両面からの実態をみる

通常の学級において、「気になる子」への配慮や支援を行うためには、個々の子どもの特性に関する実態だけでなく、**どのような集団のどのような人間関係の中で学んでいるのか、授業や学習活動への参加の状況はどうかなど、学習環境の視点から子どもの実態を把握する**ことも重要になります。

学級全体へのわかりやすい支援が「気になる子」にとってもわかりやすい支援になり、また「気になる子」への個別的な支援が学級全体への丁寧な支援になることも考えられます。通常の学級における特別支援教育の推進にあたっては、誰もがわかる授業づくりや学び合い支え合う集団づくりが基盤になると考えられます。

集団生活のモデルは学級の雰囲気にも影響する

学校における学級集団は、多くの場合、同じ地域の同一年齢の子どもたちにより構成され、子どもたちは基本的に一人の教師による一斉指導の授業を中心に学習していきます。集団での学校生活を共に過ごすことで、地域社会における集団生活のモデルが形成され、その中で様々な社会的な能力を身につけていくことになります。学級集団は、教師と子ども、子ども同士の関係で成り立ち、相互に影響し合うことで学級集団の雰囲気が形成されていきます。

集団の構成員は個であり、学級集団を理解するためには、構成員である個々の子どもの特性や実態を理解する必要があります。近年、一般社会では生活の個人化が進んできています。子ども社会においても私的な価値観が優先するような状況が見られ、集団生活における規範や規律に対する意識が希薄になってきているように感じます。

各学級にはそれぞれ、その構成員や相互の人間関係等により独特の雰囲気があり、学級づくりを進めるうえでは学級全体の雰囲気を掌握していくことがとても重要になってきているように思います。

学級づくり、集団づくりの大切さ

学校では、いじめや不登校、児童虐待の問題など、様々な人間関係を基盤とした課題が見られています。子どもたちの同調圧力により過剰適応を起こしている子どももいます。学級づくりとは、自分の所属する学級を子どもたち自らが自治的に集団として発展させることを目指していくことが望まれます。学級づくり、集団づくりは学校現場にとって近年の大きな課題の一つになっています。

「支持的風土」のある環境を整えていく

学級の雰囲気を表す言葉として「学級風土」という言葉が使われることがあります。学級風土とは学級の子どもたちが感じる教室の雰囲気を指しており、学級集団の雰囲気とほぼ同じ意味で使われています。

学級風土は、拒否的、攻撃的、対立的な「防衛的風土」と、親和的、許容的、安定的な「支持的風土」などにわけられます。子どもたちが安心して生活できる「支持的風土」のある環境を整えていくことが望まれます。学級づくりには、学級の雰囲気や学級風土をどう客観的に捉えるかという視点が重要になってきます。

5

「わかる授業」に変える

授業は子どもの学びの状況で変化する

授業の内容が理解できるかどうかは、「気になる子」の学校生活での適応の状態を大きく左右します。子どもたちにとって、授業がわかりにくく、達成感や成就感が得られにくい学習環境であれば、支持的風土のある学級にはなっていきません。

同じ学年の同じ単元の授業でも学級が違えば教え方も変わり、子どもが違えば指導方法も異なります。授業は行う場や時間によっても変化し、学級の雰囲気や子どもたちの状態にも影響されてきます。

わかる授業づくりは、子どもたちの学びを保障するために、常に子どもの学びの状況を意識して、創意工夫に取り組まなければならない課題であるといえます。

授業を構成する要素には、「目標設定」「教材・教具」「教授・学習方法」「学習形態」「教育評価」などが重要なものとして挙げられます。子どもに学習の目標やねらいが具体的にそして明確に示されているか、どのような教具を用い、何を教材として教えるのか、指導計画・準備が事前に十分できているか、子どもの実態に応じて指導方法にどのような工夫がなされているか、そして、目標やねらいに照らして、子どもの学習の状況をどのように評価し、定着を図っていくか等を意識して授業を行うことが大切になります。

授業をわかりやすくする工夫

授業は、教師と子ども、子ども同士のやり取りなどコミュニケーション活動により成り立っています。わかりやすさを意識して丁寧に説明しても、長すぎる説明は子どもの集中の持続を妨げてしまい、内容がうまく伝わらないこともあります。特に集団全体に対する教師の働きかけは、指名による特定の個人への働きかけと違い、子どもの意識の集中は弱まりやすいところがあります。働きかけの前に注目や傾聴の体勢をとらせることも大切な工夫になります。

子どもの授業への集中は学習環境の影響もとても大きくなります。教室には子どもの注意がそれやすい余分な刺激が多いことに意外と教師は気づいていないところがあります。時間配分も重要です。そのときの子どもの状態に応じて、授業を短く15分程度のユニットにわけるなどの工夫も考えられます。視覚情報である板書は、わかりやすく構造化する工夫が可能です。書体や文字の大きさの工夫、色チョークの活用、四角や丸囲みや下線、矢印、記号なども目的別にわけて約束を決めておけばわかりやすい工夫になります。説明を聞きながら板書を写すことは、聴覚情報の処理と視覚情報の処理を同時に求めていることになりますので、話を聞く、板書を写すなど一つ一つの活動時間を保障するようにします。板書を補助する短冊黒板や小黒板、拡大コピー、1人1台端末のプレゼン等も組み合わせると注目、集中度はさらに高まります。学習規律の意識づけも重要です。学習規律については、教師からの強制的な秩序を保つ働きかけではなく、子ども同士が学びやすい環境を自分たちで整えるために自主的に活動できるような学級づくりが望まれます。

授業を見合う機会を授業改善に生かす

授業は基本的に一人の教師により行われるので、自分の授業や指導のスタイルについて改めて考え、見直してみる機会は日常的にあまりありません。研究授業はどちらかといえば発表会的な色合いが強く、事前の指導案検討や教材研究が十分になされ、ある意味でよい授業としての完成形を目指すような授業になりがちです。日頃から教員同士がお互いの授業を見合い、授業改善を図っていくような取組とは目的が少し異なります。自分の授業を客観的にチェックする経験そのものが少ないことからも、できれば**学年体制の中で授業を見合い、自分の指導に関する長所や短所を見極め、授業改善を図っていく**ような取組を進めてほしいと思います。

最近では、特別支援教育の視点を入れた授業研究会を実施している学校も多く見られるようになってきました。学習指導案の中に特別支援教育の視点での支援の手立てを入れ込んだり、研究会においても配慮の必要な子どもへの個別的な支援についての話し合いの時間を確保したりしています。こうした授業研究等を活用して、特別支援教育の視点からの授業づくりや授業改善を考えていく取組が広がっていくことを期待しています。

6 個に応じた学習指導・支援でおさえておくこと

個別的な指導はプライド、自尊感情に十分に配慮する

学校生活において学習面のつまずきは、適応の状態に大きなウエイトを占めてきます。学習面のつまずきへの対応は、誰もがわかる学びやすい支援や配慮の工夫から始めることが基本になりますが、学習面につまずきのある子どもへの対応は、どうしても「できていないこと」や「うまく取り組めていないこと」に焦点が当たりがちになります。子どもが苦手になってしまっていることにも、前向きな気持ちで取り組めるような意欲を高めていくためには、**「できていること」を認め、「好きなこと」や「得意な面」を活用して指導を行うこと**がポイントになってきます。繰り返しになりますが、学習面につまずきのある子どもは、失敗経験を重ねており、学習意欲や自信を失い、自己肯定感や自己評価が下がっ

てしまっている場合が多く見られます。学年が上がるにつれ学習内容も難しくなっていきますので、本人にとってのハードルはさらに高くなります。子ども自身もそれまでの経験から「できていないこと」に注目しがちです。「どこまでできているか」という小さな伸びにも焦点を当てて、子どもを認める機会を増やしていくようにします。

子どもの実態に合わせたわかりやすい授業は、教師と子どもの信頼関係を生み、安心できる居心地のよい教育環境をつくっていきます。少しずつでも授業がわかれば、達成感や成就感を得ることができ、子どもの学習への意欲が学力の向上にもつながっていきます。学習につまずきのある子どもの学び方の特性は一人一人違います。すべての子どもにわかりやすい授業というものが一律にあるわけではありません。**学級の実態や子どもの特性、反応などに応じて、随時修正していくこと**が、誰もがわかる授業づくりには欠かせないプロセスだと思います。

特に個別的な配慮や支援を行う際には、子どものプライド、自尊感情に配慮する必要があります。配慮や支援のための個別的な指導が、自分だけ周囲の子どもたちとは違う特別扱いになると感じてしまうことで、逆に心の痛手にならないように、本人と十分に話し合い、納得のうえで進めることが大切になります。指導や支援の手立てについて教職員間で共通理解を図り、決して焦らずに、本人が落ち着いて前向きに学習に参加できる方法を共有化していくことが望まれます。

適切でない行動を減らすには適切な行動を増やす工夫を

行動面で気になる子の場合には、注意や叱責だけでは適切でない行動の改善は難しいということが前提であるとおさえておく必要があります。適切でない行動を減らすためには、適切な行動をいかに増やしていくかという視点をもち、適切な行動について具体的に教えていくような指導が大切になります。

子どもの行動には必ず本人にとっての意味や意図があります。目の前で起こしている行動だけに注目しないで、原因やきっかけになることや行動を起こした後にどのような様子が見られたかなど、前後関係を見通して背景や要因を探っていき対応を考えてみるようにします。失敗を指摘して修正させるという対応ではなく、成功により成就感や達成感が得られる経験を積むことが大切です。そしてそれを認めてくれる望ましい人間関係が周囲にあることが重要になります。

まずは先生との信頼関係の構築から

友だち関係など対人関係で気になる子への配慮も重要です。周囲からの何気ない一言が心を傷つけ不適応につながっている場合もあります。個別的な支援をするためには、障害や特性に関する理解を学級の子どもたちや保護者にも進めていく必要がありますが、**障害についてではなく、困難さや行動の特徴を伝え、対応の仕方についての理解を図ること**が重要です。子どもたち全体の言葉遣いや態度の荒さ等が気になる場合には、学校全体で取り組むべき課題として、集団づくり、仲間づくり等の人間関係を学ぶ指導を積極的に取り入れていく必要があります。

学級づくりでは、子どもたちが落ち着いて学習できる教室環境になっていること、教師や友だちとの関係が安心感を得られるものになっていること、授業がわかりやすく取り組みやすいものになっていることなど、学級全体への指導や支援を工夫していくことが大切です。学級に支え合う認め合う人間関係があり、学級の中で自分の役割が果たせていることが、自尊感情や自己効力感を高め、安心できる居場所づくりにつながります。

7 個別の指導計画を作成してみる

日々の指導を行うための個別の指導計画

個別の指導計画は、子ども一人一人の障害の状態等に応じたきめ細かな指導が行えるよう、学校における教育課程や指導計画、個別の教育支援計画を踏まえて、より具体的に一人一人の教育的ニーズに応じて、指導目標や内容・方法を盛り込んだものです。

個別の指導計画を作成することにより、①一人一人の教育的ニーズに応じたきめ細かな指導が行える、②指導目標や内容等について関係者が情報を共有できる、③子ども自身も目指す姿が明確になる、④定期的な評価により適切な指導の改善につながる、⑤集団の中での個別的な配慮・支援について検討することにより校内支援体制づくりにつながる、そして⑥引継ぎの資料となり**切れ目のない支援**ができることになります。

個別の指導計画の作成にあたっては、対象となる子どもの行動観察をもとに、学習面や行動面、対人関係や社会性などに関する実態把握から始まります。適切な実態把握を行うためには、保護者との連携・協力が不可欠であり、専門的な関係機関など地域の資源との連携も積極的に図るようにします。実態把握では、子どもの抱える課題点や困難な点ばかりに焦点を当てるのではなく、できていることや少しの支援により達成可能なことなどにも注目し、全体像を把握することが大切です。

長期的な支援のための個別の教育支援計画

教育、医療、福祉、労働等の関係機関が連携・協力を図り、障害のある児童生徒等の生涯にわたる継続的な支援体制を整え、それぞれの年代における子どもの望ましい成長を促すため、学校が作成するものが個別の教育支援計画です。保護者をはじめ多くの関係機関が関わることで、子どもに関する多面的な実態把握や情報収集が可能となります。

子どもや保護者の願いや実態把握に基づき、長期的な展望をもって子どもや家族への支援の目標や内容を検討し計画立案します。子どもや保護者の願いを尊重し、子どもや保護者も含めた関係者で合意形成を図り、決定した「合理的配慮」の具体的内容について明記することが、生涯にわたる支援につながっていきます。

支援のためのファイルを活用する

子どもや保護者と関わる機関が情報を共有化するため、特に就学時の引継ぎの情報共有のための支援ツールとして、相談支援ファイル等が各自治体で活用されています。

相談支援ファイルは、医療、保健、福祉、教育、労働等の各機関において必要な情報を共有し、連携して相談・支援を行うための支援ツールであり、関係機関による子どもの情報が記載されています。子どもの実態をどのように把握すればよいかなど、校内の情報の引継ぎや個別の指導計画、個別の教育支援計画の作成の参考にもなります。

こうした支援ツールがうまく活用されるためには、**関係者が支援ツールの存在を周知しており、積極的に活用していく**という姿勢をもつことが重要です。子どもや保護者の思いや願いを反映し、作成、活用していくことが望まれます。

情報をうまく引き継ぐためには

情報の引継ぎは、送る側と受ける側の立場が対等ではありません。情報を送る側はこれまでの子どもの指導や支援でわかっていることをできるだけたくさん提供したいと考えています。一方で、情報を受ける側はまだ子どもの実態がわかっていない段階で受け取ります。受ける側が子どもの実態が少し見えてきた段階で、送る側から得た情報の中から必要な情報を活用していくイメージがよいと思います。

情報を効果的に引き継ぐためには、送りたい情報と知りたい情報の内容を整理して、共有化することが大切です。過去の経験から情報が進学先の支援にどのように役立ったか、進学先からフィードバックすることも効果的だと思います。**切れ目のない支援とは必ずしも同じ支援を継続するということではありません**。子どもが成長したり環境が変化したりすることにより必要がなくなる支援もあり、新たに生じる課題や将来的な生活に向けて必要性が出てくる支援もあります。重要なのは、学びの場が変わっても、子どもの主体的な学びが継続されることだと思います。

8 個と集団を往還する支援の視点をもつ

ユニバーサルデザインの視点をもつ

学校では、発達障害を中心に、「あの子には特別な支援が必要かもしれない」と、特別な教育的ニーズのある子どもが通常の学級にもいることが当たり前、という意識が高まってきたのではないでしょうか。例えば、ＡＤＨＤやＡＳＤの傾向のある子どもは、集団で一斉指示に従って行動することが難しいということがあるので、その傾向は気づきやすいです。教室環境をわかりやすく、刺激になるようなものを整理していくことや、１日の活動の見通しを子どもにもたせること、学級全体への指示の後に、対象の子どもに個別に指示をするなど様々な取組があります。

いわゆる誰もがわかる授業、授業のユニバーサルデザイン（ＵＤ）化は、多くの先生方が意識されてきていると思います。UDは、どの子どもにとっても参加できる、学習に入ることができるという発想です。

ユニバーサルデザインで配慮したい二つの視点

ユニバーサルデザインには配慮したい二つの視点があるように思います。一つは、**「個」の支援を「全体」にも広げられないか**ということです。学級の中でとても苦戦している子どもがいれば、その子どもに合わせて、プリントやツール、課題設定など、個別的な特別の配慮や支援を考えるなど、つまり「個」への支援をします。その流れの中で、合理的配慮の提供があります。そして、その「個」への支援や配慮が、他の子どもたちにとっても、わかりやすさにつながらないだろうか、という発想を先生たちにもってほしいと思います。他の子どもたちにもメリットがありそうであれば、本来「個」に対しての支援だったものを「全体」の配慮にしていったらよいと思います。

一方で、特定の子どもにとっては有効だけれど他の子どもにはそれほどメリットがない場合は、個別的な配慮、合理的な配慮の提供になります。そのときに考えたいのが、**周り**

の子どもたちが、自分たちと違うことをしていても「気にしない」学級づくりです。

　それは同時に、自分だけ違うことをしていても周りの子が何も思わなければ、安心して学習に取り組めることにもなります。現状では、通常の学級で特別な配慮や支援を受けている子どもたちは自分だけ特別な配慮や支援をされることに対して、周りの目を気にして抵抗感、不安感をもっている場合もまだ多く見られます。

学級と個の子どもへ目を向けてみる

　個への支援が全体への支援にプラスになるなら、全体にできるだけ広げていく。一方で、その子どもが特定のことをしていても、学級みんなで認め合える環境づくりをする。その両面が、通常の学級で授業のユニバーサルデザイン化の際に必要な視点ということです。

　様々な障害のある子どもたちにはそれぞれ学び方に特性があります。自閉スペクトラム症の子どもは見通しがもてた方が安心できる、ＡＤＨＤの子どもは刺激が統制された方が集中しやすい、ＬＤの子どもは説明がゆっくりの方がわかりやすいなどです。このような、特性をもたない子どもたちに対する視点とは少し違った視点、障害の特性や学び方の特徴を基本的な知識として身につけておきたいです。

特定の障害に対する支援の工夫を他の障害にも

例えば、ＬＤで読み書きに困難のある子どもに対して、視覚障害の子どもに対する支援である、フォントを大きくしたり、字体を読みやすくしたりすることが効果的な場合があります。

このように基本的な学びの方略を知識としてもっていると、アイデアが浮かびやすくなると思います。特別支援学級の先生たちにもアドバイスをもらうなど、**各自の専門性を高めていくことが、いわゆるどの子どもにとってもわかりやすい授業につながっていく**と思います。

学級のユニバーサルデザイン化の根本的な二つの面は、「個」への支援を全体にできるだけ広げていくこと。一方で、特定の「個」の活動をしていても、学級みんなで認め合える環境づくりをすることです。また、個別に指導、支援を工夫することと、特性に合った安心できる環境をつくることの両面から支援する視点を忘れずにいたいと思います。

9 担任だけで抱え込まずにチームで支援する

校内委員会や特別支援教育コーディネーターの役割

校内委員会の目的は、教育的ニーズのある子どもに対して、これまでの対応についての情報を整理し、今後の適切な指導と必要な支援について検討することにあります。教職員間で共通理解に立ち、協力して対応できるように校内の支援体制を整えていきます。その際、特別な教育的ニーズのある子どもの個別的な対応のみを考えるのではなく、学級全体への支援も含めた学級経営や生活指導の在り方、直接指導に携わる教師等への支援についても検討していくようにします。**担任等の教師が子どもの支援について一人で抱え込まないように教師を支えること**がとても重要になります。

特別支援教育コーディネーターは「校内委員会」の中心メンバーとして、校内の特別支援教育の推進役として重要な役割を担っています。校内・校外の教育資源（特別支援学級や通級による指導、特別支援学校のセンター的機能）や人的資源（専門家チームや巡回相談員、スクールカウンセラーやスクールソーシャルワーカーなど）を適材適所にうまく活用し、特別な教育的ニーズのある子どもの効果的な指導や支援のためにコーディネートすることにより、組織・チームによる支援体制を機能させる役割を担います。担任等が子どもに対して適切な指導と必要な支援ができるだけ負担感なくできるように、校内の支援体制がうまく機能するようにコーディネートするのが特別支援教育コーディネーターです。

校内の支援体制がうまく機能するためには

校内委員会において、特別な教育的ニーズのある子どもの実態把握から具体的な指導内容の検討と実践など、個別の指導計画を作成、活用して校内支援体制を生かした特別支援教育の充実を図っていきます。特別支援教育コーディネーターは推進役ですが、リーダーシップを発揮して先導するというよりは、教職員各自が自分の問題として考える話し合いを推進します。校内の支援体制により組織的な問題解決が図れる力量を学校全体でつけていくことが校内体制整備には重要になります。特別支援教育コーディネーターが専任になり、相談対応や、子どもの具体的な支援計画を担任等と一緒に考えるなど、学校全体を支援するような役割を果たしている学校や地域もあります。

ただし、学校によっては、校内委員会がそこまでの機能を果たせていない場合もあります。その場合は、例えば同じ学年の先生方や特別支援教育コーディネーターなど複数の教師で、各学級に在籍する気になる子どもについて話題にして、指導について考えてみるなど、簡単な支援会議のようなものを開いたりすることから始めるのが、やりやすい方法でしょう。学年単位の会議で支援についての検討がより必要になったら、学校全体の支援会議にもっていくようにします。段階的に支援に関する会議を広げていくことが、先生方にとってのハードルもそれほど高くならずに進められると思います。

担任が一人で抱え込まない

校内委員会や支援会議で子どもの実態を最もわかっているのは日頃から身近で接している担任や学年の先生です。重要なのは、担任が一人で抱え込まないことです。積極的に校内の先生方に相談していきましょう。日常的には学年担任の先生数人と特別支援教育コーディネーターらで検討していきますが、子どもは次の学年に進級していきますので、他学年の先生がその子どものことを全く知らない状態は望ましくはありません。支援会議の事例検討においては、**自分が担任だったらどう対応するか、当事者意識をもって参加すること**が、チームで支援を考えることにつながります。

また、特別支援教育支援員や学生ボランティアを活用する、外部の関係機関からのアドバイスをもらうといった、学校の体制を整備するためのマネジメントが必要になる場合は、特別支援教育コーディネーターの先生がプランを実行するために、校長先生の学校経営の視点で特別支援を推進していくリーダーシップが重要です。トップダウンではなく、校長は「チームの要」として、特別支援教育コーディネーターのサポーター、相談役として動ける力量が求められます。

子どもや保護者、そして先生方がいつでもSOS発信ができ、すぐに相談ができる心理的安全性のある学校が、校内支援体制が機能している学校といえると思います。

10 関係機関を上手に活用する

活用の目的と内容を明確にする

相談機関や専門機関の活用を考えるにあたっては、校内委員会等で子どもの抱える課題の実態を把握し、特別な教育的ニーズと指導、支援の方法を検討することから始まります。その際、すぐに相談機関や専門機関に指導助言を求めるのではなく、まず、校内の支援体制により指導、支援を実践し、実践を評価し、見直し、改善を図る中で活用を考えるようにします。子どもの課題の分析について指導助言がほしいのか、実態把握やアセスメントの方法が知りたいのか、子どもの指導と評価について指導助言が必要なのか等、**あくまで学校が主体となり、相談機関や専門機関から指導助言を受ける目的と内容を明確に**しておきます。

活用する機関は、子どもの特別な教育的ニーズによっても異なります。連携の窓口は、主として、特別支援教育コーディネーターが担うことになると思いますが、養護教諭等の学校保健担当や生徒指導、人権教育の担当教師が関係する機関の窓口になる場合もあります。学校においては、地域の相談機関、専門機関に関する情報を支援機関一覧、支援マップなどに整理しておくことも活用を図るためには効果的です。子どもや保護者がすでにつながっている関係機関がある場合もあります。その場合は、子どもや保護者に対して、連携の必要性について了解を得たうえで、連絡をとることになります。家庭と学校が共通理解したうえで支援を協働していくために積極的に活用しましょう。

本人、保護者との信頼関係が大切である

教師が子どもの気になるところに気づくのは、他の子どもたちと同じように取り組むことが難しい場面です。教師は自分の見方について、専門的な指導助言を得て子どもへの具体的な支援を考えたいと思い、保護者に関係機関への相談を勧めようとします。一方で、保護者から見ると学校生活にうまく適応できていないのは、教師の指導力不足や対応の甘

さが原因なのではないかと指摘されることもあります。専門的な相談はすべての子どもが経験するものではなく、特別に何か気になることがないかぎり受けるものではないという現状があります。相談を勧められたのがはじめての経験であれば、なおさら保護者の不安と抵抗感は大きくなるのは当然です。問題を共有し、自分の子どもだけという保護者の孤立感に対する精神的な支えとなるように、教師と保護者が信頼関係を構築することが必要になります。

教師と保護者が信頼関係を構築するためには、**子どもの苦手なところばかりに注目するのではなく、長所にも注目し、子どもの全体像を共通理解すること**が大切です。家庭と学校で子どもが見せる姿は必ずしも同じではないことから、場面による姿の違いも本人の実態と捉え、家庭と学校が互いに見えない知らない情報を交換し、それぞれの子どもの姿を共通理解することで子どもの全体像が見えてきます。保護者からの相談を受けている相談機関、専門機関は、相談内容について学校関係者からも十分な情報収集をし、できれば学校における子どもの様子を観察したうえで、保護者と学校との信頼関係が構築していけるように対応していくことが望まれます。

個別の教育支援計画の活用

教育、医療、福祉、労働等の関係機関が連携・協力を図り、学校が作成するものが個別の教育支援計画です。必要な情報を共有し、連携して相談、支援を行うための支援ツールであり、生涯にわたり活用されることが期待されるものです。特に学校教育を受けている間は、幼稚園等、小学校、中学校、高等学校、大学等の学校間での支援の引継ぎのためのツールにもなります。地域の相談機関や専門機関と連携を図るための、情報共有の支援ツールとしてつながりをもたせることが大切です。

こうした支援ツールがうまく活用されるためには、本人や保護者に活用を促すだけでは情報の共有、引継ぎは期待できず、切れ目のない支援にはつながりません。医療、保健、福祉、教育、労働等の各機関のすべての関係者が地域における支援ツールの存在を周知しており、積極的に活用していくという姿勢をもつことが重要です。

文部科学省では、プロフィールシートと支援シートからなる個別の教育支援計画の参考様式を作成・活用のプロセスとともに示しています。参考にしてみてください。

11 保護者との教育相談

早期からの十分な情報提供から

子ども一人一人の教育的ニーズに応じた支援を保障するためには、乳幼児期を含め早期からの教育相談や就学相談を行うことにより、本人・保護者に十分な情報を提供することが必要です。特に、障害のある子どもの就学先決定の仕組みが変わり、**就学時に決定した「学びの場」は固定したものではなく、子どもの発達の程度、適応の状況等を勘案しながら、柔軟に変更できる**ことも情報提供としておさえておく必要があります。

就学に関する相談は、多くの保護者が戸惑いを感じ不安を抱いている時期です。そのような保護者の気持ちを十分に汲み取り、精神的に負担感を感じないように、安心して相談できる環境や雰囲気づくりなど保護者の気持ちを大切にした相談を行うことが大切です。

教育相談において心がけたいこと

保護者との教育相談において心がけたいことは、保護者が心を開いて話ができるように静かで安心できる環境に配慮すること、限られた時間の中でできるだけ信頼関係が構築できるようにすること、質問と応答に終始しないように保護者の思いに耳を傾けること、互いにもちあわせている情報をできるだけ共有できるようにすることなどが重要です。

障害の有無や原因を見つけるのではなく、保護者の抱えている悩みを受け止めるという姿勢が必要です。そのためには、子どもの障害やできないこと、問題となる行動にばかり目を向けるのではなく、子どもができるようになったことや、得意なこと、好きなことを見つけたり、保護者がうまく関わっている点などを評価したりするなどして、保護者の不安を和らげることに配慮することが大切です。

保護者の中には、就学前から専門機関に相談し助言を得ながらも、悩みや不安を解消できていない方もいます。そのような保護者の悩みや不安に応えるためには、校内だけでなく、地域の関係機関による適切な教育相談の体制を整える必要もあります。

保護者と一緒に育てる姿勢をもつ

保護者が学級担任や学校に相談する気持ちをもてるためには、まず信頼関係を築くことから始めます。日常的に情報交換を行い、保護者ともお互いに話しやすい関係をつくっておくようにします。学校が家庭の問題を指摘し学校の考えを一方的に押しつける他方で、保護者は学校の対応への不満を述べるなど、話し合いが平行線になることは最も避けたいことです。早く結論を出そうと解決を焦り、目先の対応に追われることのないように、少し時間をかけてじっくり話し合うことが合意形成につながります。一緒に考えてくれているという姿勢が信頼関係につながっていきます。専門機関への相談を勧める場合にも、個に応じた指導の充実のために学校も専門家からの助言を必要としており、連携・協力しながら一緒に育てていきたいという旨を十分に伝えて理解を図るようにします。

保護者の立場になって考えてみる姿勢が大切

保護者の不安定さは子どもの不安定さに大きく影響します。問題を共有し、保護者と学校が連携してお互いに支え合うことが大切です。子どものよい面を認めてくれる教師に保護者は信頼を置きます。子どものよい変化をできるだけこまめに保護者に伝えていくようにします。保護者への支援については、保護者の立場になって考えてみる姿勢が大切です。

気になる子どもの支援を考えたいと思う学校や担任は、子どもの教育的ニーズについて共通理解を図るために、授業参観や面談で話し合う機会をいつでも設ける旨を保護者に伝える場合があります。しかし、保護者からすれば、自分の子どもがきちんと学べていない授業参観には足が遠のく気持ちもわかります。自分の子どもだけという保護者の孤立感に対する支援が必要になります。教師と保護者が信頼関係を構築するためには、子どもの長所に注目し共通理解することが第一です。

保護者の願いを受け止め、これまでの子育てを否定したり責めたりしないことです。家庭と学校で子どもが見せる姿は必ずしも同じではありません。場面による見せる姿の違いも本人の実態と捉え、家庭と学校が互いに見えない知らない情報を交換し、それぞれの子どもの姿を共通理解することで子どもの実態が見えてきます。保護者だけに任せずに一緒に努力することで、成功経験を共有することが大切です。

（笹森　洋樹）

2章

どうすればいい？
授業で「発達が気になる子」とその対応

1

個別に言われると聞き取れるのに集団場面では難しい

気になる様子

授業中や休み時間など、集団でいるときに全体に向けて話をしたり指示を出したりすると、まるで他人ごとのように聞き流している様子が見受けられる子どもがいます。個別に声をかけてそのことを指摘すると、本人にその自覚はありません。個別で話をした直後には気をつける様子や、集団場面で話を聞こうとする様子が見受けられることもありますが、長くは続きません。

まず考えてみよう

聞こうという気持ちはあるのか？

まるで他人ごとのように聞き流しているように見えても、実は聞こうと努力はしている場合もあります。まずは集団に向けての声がけが、そもそも自分にも関係のあることだと捉えて話を聞こうという気持ちはあるのか、それとも自分に向けられて言われていることだとは捉えていないのかを確認してみましょう。聞こうとはしている様子が見受けられるのであれば、次の視点で、声をかけるときの環境や方法を振り返ってみましょう。

- 注意や集中を妨げるような刺激はないか
- 指示を出す前に、注目できるような声がけをしているか
- 一度に複数のことを説明したり、指示したりしていないか
- 「できるだけはやく」「少し」など、抽象的な言葉を使っていないか
- 比喩や例を使った説明をしていないか

やってみよう

個別の声がけと集団の中での一斉指示を工夫しよう

何か他のことが刺激となり注意が散漫になったり、一つのことに注意が集中しすぎたりすることで、**集団の中での声がけが自分に向けられたものだとは気がつかない**ことがあります。このような場合には、個別の声がけで注意を促すことが大切です。そして聞こうと努力をしていてもなかなか指示が通らない子どもの背景には、①他の子どもや先生の声、鉛筆で何かを書いている音など、周囲の音の中から一斉指示を出している先生の声だけを選択的に注目することが難しい、②聞きながら作業をするなど複数のことを同時にすることが難しい、③一つのことに注意を向け続ける時間が短い、④言われている内容の理解が難しい等、様々な背景が考えられます。一斉指示を出す環境や方法を工夫しましょう。

■注意を引くような一言と簡潔な指示、手順の分割

「注目！」など、活動の区切りがわかり注意が向けられるようなひと言の後に、簡潔でわかりやすい指示を一つ出します。もし複数の指示を出したい場合には、一つのことが終わったことを確認してから次の指示を出します。

■具体的な指示

「机とお腹の間にグーが一つ入るくらい離す」「5分間でやる」など、やるべきことを具体や数字で指示します。「～はしません」などの禁止事項よりも、やるべきことを示します。

■視覚的な手立て

一斉指示を出した後に、やるべきことを黒板に箇条書きするなど、視覚的にも示します。その時間にやることを最初に順番に示しておくことによって、見通しをもてることにもつながります。

行事など、普段と違う状況では見通しがもてず不安になり、集団場面での指示がより通りにくくなる場合があります。その場合、事前にスケジュール表等を用いて、**本人の認知特性に合わせた確認を個別に行う**ことで、不安が軽減することがあります。

Point

・個別に声をかけるタイミングや方法は、本人と話し合って決めましょう。

（安居院　みどり）

2 言葉の指示を聞いて理解することが難しい

気になる様子

授業中はいつも教師に体を向け、しっかりと話を聞いているように見えます。けれども実際は指示の内容が伝わっていないようで、他の子どもたちが活動を始めてもキョロキョロとしていて、活動に取り組めない子どもがいます。

保護者も心配し、幼少期に医療機関を受診したところ、「難聴はなく、知的な発達も平均レベルだった」ようです。

まず考えてみよう

子どもの様子の観察と指示の見直しをしよう

聞いているように見えている子どもを改めて観察したり、先生の指示の方法や内容をもう一度見直したりしてみましょう。

■「聞いているように見える」子どもの様子を観察する

一見話を聞いているように見える子どもでも、よくよく観察をすると、気持ちが別のところに行っていたり、話にまったく集中できていなかったりする様子はないでしょうか。

■指示の方法や内容を見直す

先生の話を聞こうとはしており、集中してなんとか先生の話を理解しようとしているときは、指示の方法や内容を次の視点で見直してみましょう。

・「教科書を机の中にしまってから、ロッカーから絵具セットを持ってきましょう」など、一度に複数の指示を出していないか

・一つの指示であっても、「きれいに」「たくさん」などの抽象的な表現や、「お花のように」「星の数ほど」などの比喩が使われていないか

やってみよう

声がけや指示出しの工夫をしよう

言葉での指示の理解が難しい背景には、集中できる時間が短い、一度に覚えられる情報が少ない、複数の情報のうち注目すべきことがどれかわからない、イメージをすることが苦手である、耳から入った情報を覚えることが苦手である等、様々な要因が考えられます。

■注意を向ける声がけをする

その子どもの集中できる時間に合わせて、注意を向けられるような声がけをします。全体への指導の中で目立たないように、**さりげなく本人だけが気づくような合図**を決められるといいでしょう。

■指示は短く一度に一つ

指示を出すときには、優先順位を決めて、一度に一つにします。そしてその課題ができたことを確認して、次の指示にうつります。その際、何をすればいいのか理解ができているかを確認することも大切です。

■否定を避けて肯定的で具体的な指示をする

指示は、「～はしません」など否定的に示すのではなく「～をします」というように、肯定的に示すようにします。また、「知っている動物の名前を五つ書きましょう」のように、やるべきことを具体的に伝えます。

■指示を視覚化する

言葉で出した短い指示を黒板に書いたり、図やわかりやすいイラストなどを用いたりして、指示を視覚情報として示します。そうすることで記憶することの負担を減らしたり、注目すべき情報を確認したりすることができます。

Point

- 真面目で一生懸命な子どもほど、聞いているような素振りが上手になってしまっている場合があります。日頃の様子から得られる違和感に敏感になりましょう。
- どの方法を用いることがその子どもの支援につながるのか、定期的に子どもと確認し合える時間をとりましょう。

（安居院　みどり）

3

聞き間違いが多く見られる

気になる様子

授業中や休み時間などでは、問題なく聞いているように見えるのですが、いざ活動になると指示や内容とは違う行動をするため、正確に聞こえているのか心配な子どもがいます。個別に声をかけてそのことを確認しようとしますが、本人は話をすることを嫌がります。最近では頻繁に聞き間違いがあるため、周囲の子どもに指摘されることが増えています。

まず考えてみよう

保護者とともに受診の必要性を検討しよう

聞き間違いが気になる子どもがいたら、保護者へ家庭での状況を尋ねるなど、情報を共有しましょう。幼少期の健診等で聞こえに関する指摘を受けていたり、病院を受診していたりする場合があります。そのような場合がないようであれば、学校での様子と家庭での様子を確認し、必要に応じて医療機関の受診を検討することも必要になるでしょう。

受診する場合は、次のような観点で学校での様子を簡潔に紙面でまとめ、保護者が医師に伝えやすくしましょう。

・学校での健康診断時の聴力検査の結果（複数年分あればすべて）
・聞き間違いが気になるようになった時期
・聞き間違いが多い場面（人数、話しかける方向・距離・場所、時間帯［休み時間・授業中］や教科、放送やマイクの使用、大人の声と子どもの声、声（音）の大小や高低など）
・その他（学校で見られる特性、最近変化したこと等、診察の参考になりそうなこと）

やってみよう

聞き間違いが多い理由に合った対応を探そう

聞き間違いが多い理由としては、「難聴がある」場合や、「聞いた音を言葉として聞き取れない」「聞いた言葉を脳内でうまく処理できない」場合などが考えられます。話を聞く場面では、雑音の中から必要な情報だけに注意を向けることや、長い説明の中から情報を整理すること、話への集中を持続すること、話に出てくる言葉（語彙）を知っていること、言葉では言い表されていない気持ちなどの意味をイメージすること等が求められます。必要に応じて他機関と連携をしながら、次の視点を参考にし、その子どもにあった支援を検討していきます。**その際、子どもの不安などの内面にも配慮しましょう。**

■その子どもにあった支援

・本人にとって少しでも内容が聞き取りやすい声の大きさ、速さ、距離で話す
・左右の聞こえ方の差がないかを確かめる
・座席の配慮をする（本人にとって聞こえやすい位置、話し手の口元が見える位置等）
・重要な内容は繰り返し伝え、よく聞こえなかった場合はジェスチャー等で合図する

・音声の情報を文字にする（板書、図やイラスト、メモなど）

■特別支援学校のセンター的機能の活用や、通級指導教室の利用の検討

センター的機能の申請方法や、通級指導教室の利用の手続きは地域によって異なります。難聴の相談の場合には、特別支援学校（聴覚障害）や通級指導教室（難聴）の利用が考えられます。また、聴力に問題がないものの、聞き取りに困難さを示す聴覚情報処理障害も話題となっています。音声としては聞こえているのに、聞こえた情報をうまく処理できず、言葉として理解するのが難しいことが特徴です。子どもの実態に応じて、通級指導教室（発達障害）や医療機関の利用を検討しましょう。

Point

- 聞き間違いに対する不安がないかなど、本人の気持ちに添った対応をしましょう。
- 日頃から、困ったときに支援を要請しやすい関係の構築を心がけましょう。

（安居院　みどり）

〈参考文献〉
・文部科学省編著（２０１８）『障害に応じた通級による指導の手引　解説とＱ＆Ａ（改訂第３版）』海文堂、36～40頁

4

単語を羅列する・単文で話すなど話が短く内容的に乏しい

気になる様子

授業中に発表することはほとんどなく、話し合いでも友だちの話を聞いていることが多い子どもがいます。質問しても単語で答え、なかなか言いたいことが伝わりません。話はよく聞いているので、理解できているようにも思えますが、単文で話すなど、どれくらいわかっているか把握できません。

対話を通して学びを深めていきたいのに、考えていることが（うまく）伝わりません。

まず考えてみよう

その子が伝えたいことは？

話したいことはあるのに、話してもわかってもらえない。こんなことが続くと、話すことに自信がなくなり、伝えることをやめてしまうことも考えられます。**伝えたい気持ちをまず受け止め、子どもにとって伝わりやすい言い方を一緒に考えていきましょう**。また、伝えられないと、「わかっていない」「理解できていない」と評価されてしまうこともありますが、本当に話の内容が理解できていないか、その状況も把握する必要があります。

■ **話が短くなる背景として考えられること**

- 語彙力が少なく、話し方がわからない
- 助詞の使い方や文の構成ができず、言葉がつながらない
- 記憶力が弱く、話し方が定着しない

相手に伝わった経験をすることで、安心して話ができることが大切でしょう。

やってみよう

話し方のモデルを示そう

話をするときには、話題がはっきりしていることが必要です。そもそも、何について話をするのか、内容を理解していなければ、わかりやすく伝えることなどできないからです。

■様々な気持ちの表し方についての語彙を増やす

挿絵や写真など、視覚的な教材を活用し、語彙を増やしましょう。語彙はどのように身につくのでしょうか。生活経験から学んでいくことが多く、子どもたちの言語環境が影響されるのではないかと考えられます。しかし、気持ちや様子のように視覚的なイメージをもちにくい言葉もあります。気持ちについては、表情カードや感情曲線を使いながらそのときの気持ちの言い表し方を教え、覚えていく方法があります。**伝えたい気持ちと言葉が合ったとき、他者と共感できることが、語彙を育てることにつながる**ように思います。

■助詞を使い、単語をつなげて話す練習をする

単語をつなげて話をしても、伝えたい内容を周りが汲み取って理解できることもあります。しかし、助詞によって意味が大きく変わることもあるので、助詞による意味の違いを

比較できるようにしながら、助詞を使って話す機会をつくりましょう。

■言い方の話型を用意する

構文を理解するために、わかりやすい話型を用意し、決められた言い方で発表する場を設けることで、話す練習になります。理由の伝え方、順番の伝え方、比較の伝え方と、**目的に合わせた言い方の話型は接続詞がポイントになります**。お手本となる言い方を提示し、選択する方法もあります。

Point

- 何を話せばよいのか、具体的に伝えましょう。
- よい伝え方のモデルを示しましょう。
- 伝えたときに、自分の思いを相手に受け止められた経験が大切です。

（飯島　知子）

〈参考文献〉
・笹森洋樹編著（2015）『イラストでわかる　特別支援教育サポート事典』合同出版、102〜103頁

5 思いつくままに話すなど、筋道の通った話ができない

気になる様子

おしゃべりが好きで、挙手も多く発表もよくします。しかし、話し始めると質問の内容から逸れて、何を言いたかったのかわからなくなる子どももがいます。

グループの話し合いでも、友だちの発言で気になった話題に口出しして、話し合いが途切れてしまうことがあります。

話もだらだらと長く、何を伝えたいのかわかりにくいです。

まず考えてみよう

一番伝えたいこと・伝えるべきことは？

話をすることは好きで語彙も少なくないのに、結局、何を伝えたいのかわからない。自分勝手に話を進めるので、質問した相手との会話のやりとりもうまくいかないのはどうしてか、**聞くことと話すことの関連**や、話したいことの**情報を整理する力**の視点で考えてみましょう。

■聞かれたことに意識がもてるように工夫する

質問された内容から逸れ、思いつくままに話しているように感じられる場合があります。今話題になっていることを忘れてしまっていることもあるので、聞かれたことを忘れないように、話題のテーマを書き記しておくことも大切です。

■一番伝えたいことを書きながら整頓し、伝えてみる

発表しているうちに何を言いたかったのかわからなくなることもあります。一度、話題を中心に、言いたいことのキーワードを書き出し、一番伝えたいことは何かを視覚的に整頓してから、簡潔にまとめてみることも大切です。

やってみよう

筋道の通った話ができるようになるために「聞く力」を高めよう

筋道の通ったわかりやすい話し方をするには、話題や相手に合わせて、自分の考えや思いを伝えなければなりません。そのためには、話を聞く力も必要になります。

■発問や問いを明確にする

質問している内容を明確にしましょう。友だちの発言した内容の一部分に反応したり、自分の発言につなげて話題が逸れていってしまったりすることもあります。そのような状況を防ぐために、問いの内容を板書しておいたり、キーワードを示したりすると、話題が逸れたときに気づく手がかりになります。

■話のまとめ方のモデルを用意する

構文を理解するために、わかりやすい話形を用意するとよいでしょう。

例えば、以下のようなものがあります。

・「いつ・どこで・誰と・何をして・どう思った」の形に当てはめて伝える

・たくさん言いたいことがあるが、「一番伝えたいこととその理由」を伝える

・優先順位を決め、大切なことを選んで伝える。「伝えたいことが二つあります」というように、はじめに結論から話をする

■話題の内容を視覚的に整理し、一番伝えたいことが伝わる話し方を身につける

話題になっていることから次々と連想し、思いついた言葉で話すので、話題からずれて何を伝えたいのかわからなくなってしまう場合、まず、書いて整頓してみることも必要です。思いつくワードを活用してみて、その中で一番伝えたいことと必要なワードを選んで、**思考を視覚的に整理するマインドマップなどで整頓し、前述した話形を活用することで、簡潔な言い方が身につく**ことも考えられます。

Point

- 話を要約するためのキーワードを提示しましょう。
- 今どんな話題だったか書き残しておくと、話が逸れにくくなります。わかりやすく板書に整頓して書くようにしましょう。

（飯島　知子）

6
友だちにわかりやすく伝えることが難しい

気になる様子

自分の考えをわかりやすく伝えることが難しい子どもの背景には何があるのでしょう。

伝えたいことはあるのに、言葉がうまく出てこず、黙り込んでしまったり、身振り手振りで補おうとしたりします。また、伝えたいことがたくさんありすぎて、頭の中で整理しきれずにわかりにくい話し方になることもあります。状況によっては、相手に伝わるように話そうという意識がない場合もあります。

まず考えてみよう

話しているときの様子と話す前の準備は？

話すとき、どうしてわかりやすく伝えることが難しいのでしょうか。わかりやすく伝えることが苦手な背景に何があるのかは、子どもによって違います。子どもが話しているときの様子を観察して、背景を探ってみましょう。

・言葉がうまくでない、または、「高い」を「大きい」と表現するなど、語彙が少ない様子はないか
・主語が抜けたり、内容があちこちにとんでしまったりしていないか
・言いたい言葉が出ずに困っている、言いたいことがありすぎて夢中になって話し続けている、緊張して言葉に詰まっているなどの様子はないか

授業中、発表する場面であれば、話す前に準備しておくことが必要です。皆さんは、授業の流れの中で、話す内容を整理するために準備の時間を設けているでしょうか？

やってみよう

わかりやすく伝えるために準備をしよう

授業中に話す準備をする時間を設定しましょう。子どもの状態に合わせて、わかりやすく話せるように準備し、練習しておきます。取り出し指導など個別の場で事前に指導しておく方法もあります。授業の中で友だちにわかりやすく伝えることができれば、その成功体験は、次の話したい気持ちや、伝えたい気持ちにつながります。

■言葉の想起が難しい子どもには、話したい内容を一緒に考えてメモしておく

話したいことはあるのに、言葉が出てこない子どもには、先生が話したい内容を聞き取りながら、一緒に原稿やメモを準備しましょう。言いたいことを推測しつつ、わかりやすい話し言葉にしていきます。このやりとりの中で、語彙を増やしていきましょう。はじめは原稿を読んで発表し、慣れてきたら、徐々にメモを見て話すよう促します。

■話したいことを整理しきれない子どもには、付箋を使って整理していく

まず、子どもの話を付箋に書きましょう。相手にわかりやすく伝えるためにはどんな順番がよいのかを考え、子どもと一緒に並べ直していきましょう。

■わかりやすく伝える話し方のコツを授業の中で指導する

写真やイラストを用意し、順番を意識して紙芝居形式で伝える練習をします。はじめに言いたいことを伝えてから理由を話すなど、ワークシートを活用して空欄に書き込み、そのまま原稿にして話します。低学年のうちから「～です。理由は～だからです」など短い話型を用いて発表する経験を積んだり、５Ｗ１Ｈで話すゲーム的な活動を取り入れたりすることもおすすめです。わかりやすく伝える言い方を視覚的に示しておき、発言の際に、掲示を見て話すようにするなど、全体指導の中で日常的に取り組めることがあります。

Point

- 子どもの背景に合わせて、個別で準備をして、成功体験を積むようにしましょう。
- 全体指導の中でも、わかりやすく伝えるコツを指導しましょう。

（渡辺　奈津）

7 話し合いのとき、話さなかったり、話しすぎたりして参加が難しい

気になる様子

授業の中で、ペアやグループ、または全体で自分の考えを伝え合うとき、参加できない子どもがいます。話すことができない場合と、話しすぎてしまう場合がありますが、それぞれの背景には何があるのでしょう。

話すことができない場合には、何を話せばよいのかわからない、言葉が出にくいなどが考えられます。話しすぎてしまう場合には、相手への意識が薄い可能性があります。

まず考えてみよう

話し合いの設定と子どもの様子は？

話し合いの場面設定には、様々な視点での工夫が考えられます。人数やメンバー構成、時間設定、テーマ、話し合いの流れやルール、話型の提示、役割分担など、どんな設定をするかで、子どもの話し合いへの参加の様子は変わってくるでしょう。その子はどんな設定のとき、話し合いに参加できるのでしょうか？　観察してみましょう。

・ペアやグループなら話し合いができるか。また、相性のよい相手はいるか
・長い時間だと難しいが、短い時間なら話し合いができるか
・興味関心のあるテーマなら参加することができるか

自分の考えを相手に伝えること、相手の考えを聞き自分の考えを深めることは、大切な教育活動の一つです。話し合いの経験が積めるよう、**話し合いの場の設定を含めて、一人一人に合わせた支援を考えていきましょう**。

やってみよう

誰もが参加できる話し合いの場面を設定しよう

ペアからグループ、全体での話し合いなど、人数やメンバー構成を検討する。5分くらいの短い話し合いから、学級会など、授業時間のほとんどが話し合いになるような時間設定を行う。教科での問いに自分なりに考えたことの共有、学級での課題解決や、学級集会の企画など、話し合いのテーマを絞る。「順番に話す」「相槌を打つ」など、話し合いのルールや話型の提示を行う。話し合いの力を伸ばすために、国語の帯時間としての「話す・聞く」活動を行うなど、子どもの様子に合わせて、様々な視点からの工夫を組み合わせましょう。

■子どもに合わせて、話し合いの場面設定を工夫する

話し合いが難しいとき、まずは、短い時間設定で、身近で興味をもちやすいテーマについてペアで話し合うことから始めてみましょう。話型や、話し手、聞き手の順番を提示しておきましょう。帯時間で「おにぎりとサンドイッチどっちが好き？」など二択のテーマから選んで理由を話すなど、「自分の考えを相手に伝える」「相手の考えを聞く」経験を積

めるようにします。

■一人でしゃべりすぎてしまう場合は、話型やルール、役割を工夫する

自分が話し終わると相手の話を聞けないという子どもには、「順番に、違う意見について の理由を聞く」など流れや話し合いのルールを示しておきましょう。長い話し合いで、集中を欠くときは、途中で短いペアでの話し合いを取り入れます。話し合い後にペアの友だちの話について話してもらう、記録係をするなど、役割を振りましょう。

■安心して自分の考えを伝えることができる集団づくりを心がける

言葉で伝えることが難しい子どもの場合は、指差しや挙手で自分の考えを表出できるように工夫しましょう。**自分の考えがどんな形でも受け入れられる安心できる集団づくり**を心がけることで、誰もが安心して話し合いに参加できるようになります。

Point

- 身近で興味のあるテーマで「話す」「聞く」活動を行いましょう。
- 誰もが参加できる話し合いの場面設定を工夫しましょう。

（渡辺　奈津）

8

文章を読むとき、語句や行を抜かしたり、同じ行を繰り返したりする

気になる様子

文章を音読するとき、語句や行を飛ばして読む子どもや、同じ行を繰り返し読んでいても気づかない子どももがいます。その背景にはどんな要因があるのでしょうか。

文章を読むときには、スムーズな目の動きが必要です。また、音を想起するのに時間がかかると、単語や語句として認識しづらくなります。文字の音声化に必死になり、意味理解がついていかないのかもしれません。

まず考えてみよう

読みの困難さの背景は？

読みの困難さの背景には、いくつかの能力が関係しています。スムーズな目の動きや、速やかに文字から音へ変換する力、文字の並びを語句のまとまりとして把握するためには、語彙力も必要です。スムーズに読むための支援を試しながら、困難さがどこにあるのかを探っていきましょう。

■困難さの要因の例

・読むときの文字と目の距離が近すぎないか
・目の動きはスムーズか

■困難さに対する支援の例

・色つきの下敷きを当てて、読む行を見やすくする
・語句や文節のまとまりにスラッシュ「／」を入れてみる

読むことが苦手な子どもがいたら、事前に読む場所を予告する、手本の後に読むなどの活動に変えるなどの配慮をしましょう。

やってみよう

どうしたら読みやすいか、試してみよう

まず、いろいろな方法を試してみて、読みやすさを確認してみましょう。

■色つき下敷きや、リーディングスリットなどで読みやすくなるか試す

読む行を見やすくするために、黒い紙や、色つき下敷きを読む行に当てて読ませてみましょう。次の行が少し見える方が、行を読み進めるときに下敷きを動かしやすい子どももいます。また、両隣の行を隠し、読む行だけ見えるようにスリットを開けてあるリーディングスリットを使って読ませてみましょう。スリットの部分に、色がついているものもあります。いろいろ試してみながら、子どもの、読みやすさ、使いやすさを確認してみましょう。

■語句の切れ目にスラッシュを入れたり単語に○をつけながら読む

語句の切れ目にスラッシュ「／」を入れたり、初見の単語を丸で囲んだりすると、語句をまとまりで認識しやすくなります。漢字の読みでつまずいているなら、ふりがなをふりましょう。**単語の意味がわからないとスムーズに読むのは難しいため、単語を視覚的に提示して意味を理解できる**ようにしましょう。語彙を増やすことにもつながります。

■眼球運動の苦手さがないかを確認する

文章を読むとき、次の行へ読みすすめるためには、行の下から上へ、すばやく目を動かすスムーズな眼球運動が必要です。読むときに頭が動いている場合は、眼球運動に苦手さがある可能性があります。

■読み上げたときと内容理解に差がないかを確かめる

読むことが難しいと、学習内容の理解が阻まれることがあります。**問題文を読み上げてもらったときと、自分で読んだときに理解に差がないか、確かめてみましょう。**

眼球運動に苦手さがある場合や、読みの困難さから内容の理解に時間がかかっている場合には、教室内でできる支援をしながら、ＩＣＴの活用や通級指導教室など個別の支援を検討しましょう。

Point

- 教室内でできる読みやすさの支援を行いましょう。
- 読みの困難さから、学習参加が難しくなることを防ぎましょう。

（渡辺　奈津）

9 文章を読むのが遅いなど、音読が苦手である

気になる様子

国語の授業で音読をしている際、言葉に詰まったり、一文字ずつたどたどしく読んだりする子どもがいます。宿題でも練習していますが、なかなか音読が上達しません。はじめて目にする文章だと、なおさら周りに比べて読むスピードは遅くなり、話の内容の理解も乏しくなります。

文章を流暢に読めるようになると、他教科の学習の理解にも生きてきます。

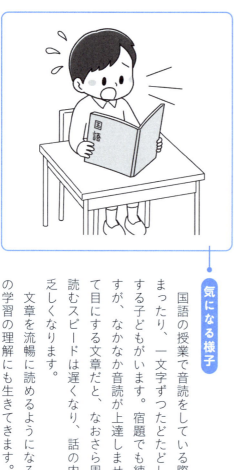

まず考えてみよう

録画や録音をして、音読する様子を確認しよう

子どもは自分が音読をしている様子を見たことがあるでしょうか。音読するのに時間がかかると、漠然と苦手意識をもちやすくなります。ICレコーダーで録音したり、タブレットPCで録画したりすることで、子どもが客観的に自分の音読している様子を確認することができます。そこで、次のような視点で子どもと一緒に音読の様子を振り返り、どこに苦手があるのかを探ってみましょう。

■ひらがなやカタカナ、漢字を正確に読むことができているか確認する

カタカナの「シ」や「ツ」が混同していたり、漢字の読み方を思い出そうとしたりして、音読することが止まってしまっているかもしれません。

■単語のまとまりを捉えることができているか確認する

一字ずつ音読している子は、言葉のまとまりを捉えられていない可能性があります。低学年のときは分かち書きをしていても、高学年になるとそうした配慮がなくなってしまいます。また、語彙が少なくて言葉を知らないということも考えられます。

やってみよう

子どもと目標を共有し、できるための工夫をする

困難さを改善して音読する力を育てていく方法もありますが、音読が苦手な子どもは文を見ること自体に抵抗感をもっている場合もあります。音読がしやすくなる工夫をすることで自信をもって取り組めるようにします。**子ども自身が音読を上達させたいという思いをもてるように支援をしていく**必要があります。

■子どもと「なりたい姿」を相談して決める

録音や録画で見た自分の音読する姿から、少し努力すれば達成できそうな目標を子どもと一緒に決めます。「教科書の○ページを3分以内に読めるようになる」といった具体的な目標が望ましいでしょう。子どもが自分事として取り組むことが大切になります。

■ひらがなやカタカナを読む流暢性を上げる

「さ・ぬ・へ・ちゅ・こ・ら……」とランダムに並んだひらがな、もしくはカタカナを正確に読む練習を重ねることで、ひらがなやカタカナをより素早く正確に読めるようになっていきます。

■短文を正確に読む練習をする

文章の長さを見て音読するのが嫌になってしまう子どももいます。例えば教科書や文章問題を一文ずつ分けて紙に書きます。短い文にすることで文を読む抵抗感が軽減でき、子どもも前向きに練習するようになります。

■漢字にルビを振ったり、単語のまとまりに分けたりする

子どもと一緒に教科書にルビを振ったり、もともとルビ振りの文章を使ったりするのもよいでしょう。また、「ぼくは／明日の朝／この街を／旅立つ」のように単語のまとまりで斜線を引く方法も効果的です。

Point

- 目標はスモールステップで設定しましょう。
- 音読の様子を定期的に録画・録音をして、成長の過程を褒めましょう。

（大島　竜之介）

〈参考文献〉

宇野彰・春原則子・金子真人著（２０１７）『改訂版　標準　読み書きスクリーニング検査（STRAW-R）』インテルナ出版

10 読み飛ばしや読み間違いが多い

気になる様子

教科書の文章を一人ずつ交代で読んでいると、続く文章を読み飛ばしてしまう子どもがいます。しかし、本人はそのことに気づいていません。周りの友だちや先生から「○○という言葉を読んでいないよ」といった声が飛びます。また、言葉を自分で勝手に違う言葉に替えて読んでしまう子どももいます。

文章を正確に読むためには、どのようなことを意識したらよいのでしょうか。

まず考えてみよう

うまくいかない場面や条件の背景を考えよう

子どもが音読をしているときは、同じ文章を手元に用意して、読み飛ばしや読み間違いをした言葉や音読の様子をチェックしてみましょう。

- 特殊音節が含まれている言葉のときに、間違えて読んでいないか
- 文末の表現を読み飛ばしたり、常体や敬体に替えたりして読んでいないか
- 次の行の文を読むときに一行飛ばしていないか
- 文章を読んでいる途中に、どこを読んでいるかわからなくなっていないか
- 読んでいる箇所を指で押さえる等、子どもが自ら工夫して音読をしていないか

特に、子どもたちは文章を読むことに集中していて、自分の間違いに気づいていないことがあります。

やってみよう

能力を伸ばす＋教材などの工夫をしよう

読み飛ばしや読み間違いをする困難さは子どもにより異なります。**その子どもの能力を伸ばす、教具や教材を工夫する**という、両面から支援を考えましょう。

■ 視線の動きをトレーニングしてみる

読み飛ばしてしまう子どもは、文章を読んでいる途中に読むべき箇所とは違う場所に視線が移動している可能性があります。赤いペンを右手に、青いペンを左手に持ち、「赤を見ます。青を見ます」のような視線を移動する（眼球運動を促す）練習をします。

■ 単語を正確に捉える練習をしてみる

「かいしゃ、かいちゅ、かいちょ」の選択肢から正しい言葉を選んだり、「あめくつかえる」から三つの単語を見つけたり、言葉のまとまりを正確に捉える学習をし、単語を正確に捉える練習をします。授業の最初に毎回クイズとして出題するなど、**楽しい活動として学級でも取り入れると、苦手な子も抵抗感なく学習することができる**でしょう。

■読んでいる箇所に注目できる工夫をする

指で押さえたり、定規で次の行を隠したりして、読みやすくする工夫ができます。「カラーバールーペ」という、文字が拡大され、ラインマーカーのように読んでいる箇所に色で注目することができる教具もあります。

■字のフォントや大きさを変える

教材をつくる際にプリントのフォントや、文字の大きさ、色を変えることで、子どもが文書を読みやすくなります。最近では、多くの人の読みやすさを意識したフォントをフリー素材やソフト等で利用できるようになっています。

Point

- 子どもと文章を読む際のアセスメントした結果（困難さの原因）を共有しましょう。
- 読み間違いや読み飛ばしがなく読めた際には、その場で褒めましょう。

（大島　竜之介）

〈参考文献〉

・海津亜希子編著（２０２４）『多層指導モデルＭＩＭ　読みのアセスメント・指導パッケージ』Gakken

11

文章の要点を正しく読み取ることが難しい

気になる様子

授業中、読字に問題はないものの、要点が読み取れず困っている子どもがいます。

このような困りごとの背景には、「言葉や単文の意味の理解が難しい」「自分の立場以外の視点で考えたり、他者の感情を理解したりすることが難しい」「読んだ内容を頭の中に保持しながら、読み進めることが難しい」などの可能性があります。

まず考えてみよう

文章を読み取るために必要なことは？

文章の要点を読み取る際に、どうして難しい状況が生じるのでしょうか。まず、文章の要点として、主題等を考えることが難しい場合や、自分の立場以外の視点で考えたり、他者の感情を理解したりすることが難しい場合などの状況を判断するため、次のような観点で様子を観察しましょう。

- 読んでいる文章の中に、本人が意味がわかっていない言葉が含まれていないかを確認する
- 「いつ」「どこで」「誰が」「何を」「なぜ」「どのように」といった状況が把握できているかを確認する
- 読んだ内容を頭の中に保持しながら読み進めることができているかを確認する

やってみよう

文章の内容や要点を把握できているか、一緒に確認しよう

文章の要点を読み取ることの困難さは子どもにより違います。まずは誰もがわかりやすい支援を考えてみましょう。

■聞いたことがない言葉や、意味がわからない言葉がないか確認する

文章の中に、新出漢字等があって読めない場合や、本人が知らない言葉が含まれていることで要点が把握できていない場合があります。教師と子ども、子どもと子どもで音読するなどして、文章の内容が把握できているかを確認しましょう。また、必要に応じてＩＣＴ機器を用いて調べるよう促しましょう。ただし、調べた文章が理解できない場合もあります。その場合は、教師に質問して、説明してもらうよう子どもに伝えておきます。

■文章に関係のある図や絵などの視覚的な情報を提供する

言葉や文の内容を理解することが難しい場合、視覚的な支援を行うことで、内容や状況の理解を促すことができます。

■キーワードを丸で囲んだり、下線を引くなどしてポイントを確認する

まずは、子どもにキーワードと思う語句に印をつけるよう指示し、机間巡視の際に確認するなどしましょう。また、必要に応じて、教師が印をつけ、考えるように促すことで、**キーワードの読み取りが困難なのか、その理解が困難なのかの把握につながります**。

■選択肢を準備する

主題を考えることや、自分の立場以外の視点で考えたり、他者の感情を理解したりすることが難しい場合には、複数の選択肢から選ぶことも考えられます。その際、なぜそのことを選択したかを説明させることで、文章の内容の理解の状況を確認することができます。

Point

- 文章の内容を理解できるための支援と、その状況を確認しましょう。
- 子どもが知らない言葉を調べたり、教師が準備した選択肢を利用したりする場合には、子どもが教師へ説明する機会を設けましょう。

（井上　秀和）

〈参考文献〉
・「国立特別支援教育総合研究所発達障害教育推進センターウェブサイト」https://cpedd.nise.go.jp/shido_shien/gakushu

12

板書をノートに写すときにとても時間がかかる

気になる様子

授業中に板書を写す際、時間がかかり、不安そうにしている子どもがいます。このような子どもの背景を探ってみましょう。

黒板の文字をノートに写すためには、黒板に注目して、言葉や文字、図などを認識し頭にとどめ、ノートの書く位置を確認してから文字などを書くこととなります。この流れのどこかがうまく機能していない可能性があります。

子どもの特性と板書の見やすさは？

まず考えてみよう

板書をノートなどに書き写す際に、どうして時間がかかってしまうのでしょうか。子ども自身が抱える困難さと、板書のわかりやすさなどの学習環境の両面から、困難さの背景について、次のような観点で様子を観察してみましょう。

- 読んだり書いたりする速度は他の子どもと比べてどのくらい遅いか
- 言葉や図などの意味がわかっているか
- 板書の文字や単語を一時的に記憶し書き写す力に弱さはないか
- 板書の文字の大きさ、余白、傍線、枠囲いなどはわかりやすいか
- 教室環境に注目や集中を妨げる余分な刺激はないか

板書をノートなどに写す場面は、先生の説明をすべて聞いてから行う場合や、話を聞きながら随時書いていく場合もあります。書きやすい環境になっているか考えてみましょう。

やってみよう

書き写しやすさは子どもと相談し、確認しながら考えよう

板書をノートに写すことの困難さは子どもにより違います。まずは誰もがわかりやすく写しやすい板書の工夫から、子どもに効果を確認しながら支援を考えてみましょう。

■ 板書の文字の大きさ、余白、傍線、枠囲いなどはわかりやすい工夫をする

情報量が多いほどそれを整理して処理することは大変です。見やすさだけでなく、**書く分量を調整することやどこを書けばよいかを強調すること**も大切な手がかりとなります。

■ 教室にある余分な刺激をできるだけ軽減する

黒板の周りに授業と関係のない掲示物を貼らない、教師や友だちが話す声の大きさを調整することなど、周囲の環境にある余分な刺激を軽減し、黒板への注目を促します。

■ 座席の位置を子どもと相談して決める

黒板の文字の見えやすさも子どもにより違っています。一番前の座席がよい子どももいれば、全体が見える座席、日光や照明の光の影響を受けない座席がよい子どももいます。他の子どもたちにも配慮しながら、子どもと相談して座席を決めるようにします。

■使いやすい文具の使用や、板書の内容をプリントにして書く負担を減らす

使いやすい文具を用いることは書きやすさの支援です。不器用さのある子どもへの支援でもあります。板書の内容をプリントにして、文字を書くことの負担を軽減することにより、授業内容の理解や課題を考えることに注力することができます。

■ICTを効果的に活用する

黒板の内容をタブレット端末等で撮影して拡大等しながら確認したり、ノートの代わりとして利用したり、アプリを用いてあらかじめ準備してある図等を活用することもできます。他の子どもたちと同じペースで学習活動に参加でき、内容を理解することにつながります。

（井上　秀和）

Point

- 板書の内容をノートに写す目的の整理をしましょう。
- どのような方法でノートに写すのか、子どもとともに確認しましょう。

〈参考〉
・東京書籍「MYサポートノート　おたすけっち」https://tokushi-tobira.jp/my-spnote/

13

長音や拗音、促音などの特殊音節をいつも書き誤る

気になる様子

ノートに授業のまとめや作文を書くとき、いつも特殊音節を誤って書いてしまう子どもがいます。誤りがあるとその都度、修正して書き直しを促しています。誤りは素直に修正するものの、なかなか定着する様子が見られず、保護者も気にしています。周りの友だちから「間違っているよ」と指摘されることも増え、本人も自信を失ってしまうのではないかと心配です。

まず考えてみよう

特殊音節をいつも書き誤るのはなぜ？

特殊音節を書き誤る子どもの背景には次のような要因が考えられます。子どもが抱えている困難さを理解し、書くことへの意欲を失わないように工夫をしていきましょう。

■子どもの様子から特殊音節の誤り方を理解する

授業中の様子や学校生活の中で子どもの様子を観察し、特殊音節をどのように書き誤っているかを把握してみましょう。

・特殊音節が含まれた単語や文章をスムーズに読むことができているか
・音と文字がつながらないために、読み誤りや読み飛ばし等の様子がないか
・特殊音節についての理解が曖昧なために習得できていない様子はないか

例示した以外にも、子どもが特殊音節を誤る要因は様々に考えられます。子どもが特殊音節を誤ることによって、周囲の友だちからも指摘され、自信をなくしてしまったり、学ぶことを諦めてしまったりしていないか、**心理面についても配慮しましょう。**

やってみよう

子どもの困難さの要因に合わせて支援を検討しよう

特殊音節を身につけていくために、本人や保護者とも相談しながら支援していきます。子どもが楽しみながら特殊音節の練習ができる取組を検討しましょう。

■特殊音節を意識できるようにするための支援

特殊音節を意識できるように次のような取組をしてみましょう。

・教科書等を活用して、特殊音節を探して「〇（マル）」をつける。また、長音、拗音、促音で色分けする等の工夫をしてみる

・特殊音節の入った単語を使って言葉集めや特殊音節クロスワード等、子どもと楽しんで取り組める活動を工夫してみる

・特殊音節に合わせて動作化し、体感的に特殊音節のイメージがもてるように工夫してみる　など

指導方法については様々なものがあります。はじめから特殊音節を正確に書くことを目的にするのではなく、楽しみながら友だち同士や家庭で取り組める工夫をしてみましょう。

■特殊音節を書くことに自信がもてるような支援の工夫を取り入れる

少しずつ特殊音節を意識できるようになり、自信がもてるようになったら、子どもの実態に合わせて特殊音節を意識して正しく書く練習をしていきましょう。特殊音節を含む単語を教室に掲示してヒントにしたり、正しく書けたときに褒めたりすることで、子どもが自ら学びたいと思う意欲を育みます。一人で練習する意欲が現れたら、ＩＣＴ機器を活用して定着を図ったり、誤りを確認したりする方法を一緒に考えてみましょう。

（滑川　典宏）

Point

- 特殊音節を意識できるようにするための支援を工夫してみましょう。
- 子どもが書くことに自信がもてる取組を工夫してみましょう。

〈参考文献〉

・東京都教育委員会「小・中学校特別支援教室　指導事例等検索サイト「読み書きに障害のある児童・生徒の指導の充実について③」」https://www.kyoiku.metro.tokyo.lg.jp/school/document/special_needs_education/files/guideline/29yomikakisyougai_juujitsu.pdf

14 ノートを書くといつも文字がマスからはみ出してしまう

気になる様子

授業中、板書をノートに写したり漢字の書き取りをしたりすると、マス目から文字がはみ出してしまう子どもがいます。本人はマス目の中にしっかりと書こうと努力していますが、どうしてもうまく書くことが難しいようです。「よく見て書いてごらん」と声をかけても、うまくいかず時間もかかるため、文字を書くことに対して苦手意識が強くなっており、表情も暗くなり心配しています。

まず考えてみよう

マス目の中に文字を書くことが困難な理由は？

マス目の中に文字を書くことが難しい子どもの背景には次のような要因が考えられます。子どもが抱えている困難さを理解し、文字を書くことに対して意欲が失われないように工夫をしていきましょう。

■ **文字を書いている子どもの様子から困難さを理解する**

・他のことに気を取られて、書くことに集中していない様子はないか
・手先が不器用で、マス目の大きさに合わせて書くことが難しい様子はないか
・文字とマス目のバランスを意識して書くことが難しい様子はないか
・黒板等の文字を書き写す際に、何度も見返している様子はないか
・似た形の文字を書き誤ったり、曖昧に書いたりする様子はないか

例示した以外にも、子どもがマス目に合わせて文字を書くことが難しい要因は様々に考えられます。そこで、**子どもが文字を書くことに対してどのような思いをもっているかをしっかりと理解し、一緒に困難さを軽減できる方法を考えていきましょう。**

やってみよう

書くことの困難さの要因に合わせて支援を検討しよう

学校生活の中で、ノートやドリルを書いている様子や図工の作品づくり等から子どもの様子を確認していきましょう。なかなか集中が続かない様子が見られたら、文字を書く時間を短く区切ったり、書く内容を一つ一つ丁寧に分けて伝えたりして集中が続くような環境を整えてみましょう。

■マス目の大きさ等を工夫する

手先が不器用で、マス目の大きさにバランスよく文字を書くことが難しい場合には、マス目の大きさや書く量や書く時間を調整してみましょう。また、**学級全体で個人の書きやすい用紙を選択できるようにする**等、子ども自身が書きやすい用紙を選択できることで、対象の子どもも安心して用紙を使うことができます。また、手先の不器用さについて、具体的な支援方法を知りたい場合には、保護者の了解の元、特別支援教育コーディネーター等に相談し、通級指導教室や特別支援学校のセンター的機能等を活用して、専門的な助言を受けるようにしましょう。

■子どもが書くことに興味がもてる取組を工夫する

書くことに苦手意識がある子どもに対しては、繰り返し書くことで定着を図りがちです。しかし、苦手なことを繰り返すことで、なかなか成果が上がらず、意欲が減退してしまうこともあります。そこで、**子どもの興味・関心があることから始める**ことで、まずは子ども自身が書くことを楽しめるような取組を工夫してみましょう。

・プラバンや折り紙を活用して、楽しみながら手先の巧緻性を高めてみる
・パズル等を活用して、楽しみながらひらがなや漢字の構成の理解を促す

書くことが苦手だからといって安易に支援をするのではなく、子ども自身がどのような思いや願いをもっているかを理解し、必要な支援について一緒に考えていく姿勢が大切です。

Point

・マス目の大きさ等を工夫してみましょう。
・子どもが書くことに興味がもてる取組を工夫してみましょう。

（滑川　典宏）

15

漢字がなかなか覚えられず、覚えてもすぐに忘れてしまう

気になる様子

漢字ドリルを一生懸命にやっていたり、宿題でノートに繰り返し漢字を書いたりしていても、正確に覚えられない子どもがいます。

平仮名や片仮名と比較すると、「読み方が複数ある」「一文字で意味をもつ」「形が複雑で、細かい部分もある」等、漢字特有の特徴があります。漢字がもつ特徴を理解し、子どもの誤り方の傾向を捉えることで、支援の方向性が見えてきます。

まず考えてみよう

どう「覚えられない」のか整理しよう

■「読むことも書くことも難しい」のか「読むことはできる」のかを確認する

テストで、漢字を書くことを求められても空欄となる場合、その子どもは漢字の読み方と表記が結びついていない可能性があります。ひらがなやカタカナと同様に、読むことができない文字は、書くことも困難になります。

また、読むことはできても、漢字の形を覚えることが困難で、全く書けないという子どももいます。

■漢字のもつ意味が理解できているかを確認する

例えば、「元気」と書く箇所で「元汽」と書くような誤りがある場合、漢字のもつ意味が理解できていない可能性があります。タブレット端末等で文字入力する際も、**漢字の意味が理解できていないと、適切に変換することが難しくなります。**

やってみよう

覚えられない理由に応じた覚え方を考えよう

■読み方を覚える

読み方は、漢字一字で学ぶよりも、単語や文章で覚えることの方が有効な子どもがいます。好きなキャラクターや興味があることと関連づけた単語や文章であると、楽しく学べます。また、学校や生活圏にある案内や看板は、体験を通して読み方を覚える機会になります。

■形を覚える

形を覚える際には、言葉やリズムを用いる方法があります。例えば「気」を覚える際には、細分化して「ノ（の）」「二（に）」「て」「メ（め）」で「気（き）」と、既に獲得されている書き文字を当てはめて、声に出しながら練習することが合っている子どもがいます。また、一度に漢字の形全体を正確に把握することが難しい場合は、部首などの部分ごとに分けて覚えることが合っている子どもがいます。例えば、「記」という漢字を覚える際には、「言」と「己」の部分に分けて、それぞれの書く位置や構成しているパーツに注目できるように練習をします。

■意味を覚える

例えば、「記」は、「記録」や「記憶」という言葉を提示しながら、書いたり覚えたりすることに結びつきやすい漢字であることを教える等、**漢字のもつ意味に注目できるような指導が有効**な子どもがいます。また、その漢字と関係のあるイラスト等を一緒に示されると、意味と読みが覚えやすくなる子どももいます。加えて、部首のもつ意味も理解できるよう指導します。言偏（ごんべん）は言葉が関連する漢字で用いると理解することで、他の漢字の習得にも好影響が生まれます。

Point

- **漢字のもつ特徴に沿った指導・支援方法を考えましょう。**
- **指導・支援方法は子どもと相談しながら、状況に応じて常に検討しましょう。**

（進藤　匡亮）

〈参考文献〉
・梅田真理編著（2016）『特別支援教育をサポートする読み・書き・計算指導事例集』ナツメ社
・村井敏宏・山田充著（2015）『誤り分析で始める！　学びにくい子への「国語・算数」つまずきサポート』明治図書

16 漢字の細かい部分を書き間違えることが多い

気になる様子

作文やテストで、漢字を書くときに、「点が抜けている」「線が一本少ない、または多い」「偏の位置が反対になっている」等という誤りが目立つ子どもがいます。

普段から簡単な間違いが多い子どもの場合、「うっかり」と見ることもありますが、他の要因が関係していることもあります。

練習の仕方は適切か？

まず考えてみよう

書いている様子を観察することで、効果的な練習を考えるヒントが見つかることがあります。

■ノートはその子どもに合っているか

マス目の中に文字を書くことが大変な子どもの場合、練習に用いるノートを見直すことが考えられます。大きめのマスに書くことで、線や点の数や位置に気づきやすくなる子どもがいます。また、マスを4分割している薄い色の罫線がある方が書きやすい子どももいます。

■漢字の書き順は一定か

漢字を書くたびに書き順が違う子どもがいます。漢字は運動感覚を伴って記憶されるという面があります。一定の書き順で書くことで、運動感覚の記憶が促されます。**運動感覚の記憶が伴うことで、点や線の書き洩らしを回避しやすくなります**。

■ノートに書くことが有効か

ノートに書く練習が効果的かどうかを検討することも大切です。タブレット端末等向けのアプリでは、書くサイズが調整できたり、書き順がわかりやすく提示されたりするものがあります。また、端末の画面上の文字を指でなぞることの方が、鉛筆で書くよりも形の正確な記憶につながる子どももいます。

やってみよう

形の覚え方を工夫してみよう

練習方法を見直しても、形を正確に覚えることが難しい場合は、覚え方を工夫することが必要です。例を示しますが、他にもたくさんの方法が考えられます。

■漢字を部分ごとに分解して覚える

漢字を分解して、部分ごとに覚えることが有効な子どもがいます。

例えば、「昭」という漢字は、「日」「刀」「口」という文字に分解することができます。練習の際に、「昭」の左側の部分の「日」だけを、マス目の空間的に同じ位置に写します。同様に、「刀」「口」も、それだけをマス目の空間上同じ位置に写します。最後に、それらの位置を意識しながら「昭」と書きます。分けて書くことで、**漢字を構成している部分の細部を把握し、それぞれの位置関係を意識しながら覚える**ことができます。

■唱えながら覚える

視覚的な記憶や運動の記憶で覚えることが困難な場合、手がかりを唱えながら書くことで覚えやすくなる子どもがいます。

例えば、「楽」という漢字を覚える場合、「白い点をチョンチョンチョン（点を書くことを擬音にしながら）、木に書くと楽しい」というように言葉やリズムで覚えていくことで、形の記憶が促される子どもがいます。

Point

- 子どもの漢字を書いている様子を確認しましょう。
- 視覚や聴覚、運動感覚等、多感覚で覚えるということを意識しましょう。

（進藤　匡亮）

〈参考文献〉
・小池敏英・雲井未歓・渡邉健治・上野一彦編著（2002）『LD児の漢字学習とその支援』北大路書房
・梅田真理編著（2016）『特別支援教育をサポートする読み・書き・計算指導事例集』ナツメ社

17

主語と述語の対応、助詞の使い方など文法的な誤りが目立つ

気になる様子

作文や日記に苦手意識はなく、テーマを与えられるとスラスラと書き始めます。しかし、書かれた文章は、主語が曖昧で誰が行ったことなのかわからなかったり、「てにをは」のような助詞に誤用が目立ち、読みにくかったりすることがあります。

頭の中には、表現したいことがはっきりとあるのですが、それを読み手に伝えることができず、不全感を募らせる子どもがいます。

まず考えてみよう

普段の会話の中でできることは？

文章を書く際に文法上の誤りが目立つ場合、会話場面でのモデル提示が大切になります。

■ 質問されたことに対して、単語で返すことが多い場合

例えば、「昨日は何をしていましたか？」という問いに対して、「ゲーム」等、単語で答えることが多い子どもがいます。質問に対しては答えているため、コミュニケーションとしては十分に成立しています。多くの子どもの場合は、「そうなんだ。何のゲームをしていたの？」等、次の質問へ自然につながっていきます。しかし、文法上の誤りが多い子どもとのやり取りでは、「そうなんだ。○○さんは、ゲームをしたんだね。何のゲームをしていたの？」と、**主語と述語、助詞が明確に含まれる文で、伝え返しながらやり取りする**ことが大切です。

■ 質問されたことに対して、長い一文で返すことが多い場合

「昨日は何をしていましたか？」という問いに対して、「朝起きて、ご飯食べて、車に乗って、サッカーに行って、……」のように「○○して」という表現等を多用して、答える一文が長くなる子どもがいます。そのような場合は、「朝起きてから、ご飯を食べたんだ

ね」「そのあと、車に乗ってサッカーに行ったんだね」と一文を短くして、伝え返していきます。文章を書く際に、一文が長くなると、主語と述語の対応等が誤りやすくなります。子どもが、短い文で表現する感覚をつかんでいくことが大切になります。

やってみよう

日々の指導・支援にひと工夫してみよう

会話場面で、正しい文法に触れる機会を増やしながら、授業の中でもひと工夫できるポイントがあります。

■ 指示は、正しい文法で伝える

指示を出す際に、「次、校庭ね」等の様にいろいろと省略して伝えることがあります。これも、前述した会話の中でできることと同様に、正しい文法を用いることが大切です。また、「次**は**、校庭**に**行きます」というように、特に低学年の子どもへは、助詞の部分を強調して伝えることも大切です。

■ 書く際に必要なポイントを明示する

読み手にわかりやすい文章を書くポイントとして「いつ」「誰が」「どこへ」「何が」

「どうやって」等、いわゆる5W1Hを意識するということがあります。作文や観察記録を書く際に、黒板にこれらのキーワードを掲示することで、文法上の誤りの減少につながることが期待できます。また、例えば「どこへ　例　海㊄」のように、用いる助詞に○をつける等して、注目しやすいような提示の仕方も有効です。

■一つの行為をそれぞれの視点で書く

通級指導教室等で指導を受けている子どもの場合、振り返りの場面も正しい文法を身につけるタイミングとなります。指導中のある部分を切り取って、子どもと先生それぞれが文を書きます。例えば、子どもが「私は、先生に、プリントを渡した」と書いたとすると、先生の視点では、「私は、○○さんから、プリントをもらった」となります。**同じ状況を説明していても、用いる助詞や述語が異なるということを理解する**ことで、文法上の誤りが軽減していきます。

Point

- 視覚的にも聴覚的にも、正しい文法を意識できるように提示しましょう。

（進藤　匡亮）

18

思いつくままに書き、筋道の通った文章を書くことができない

気になる様子

普段のやりとりで、思いつくままに話しが広がり、どんどん本筋から逸れていく子どもがいます。このような子どもは、書くときも同様で、同じような文の羅列になってしまったり、一文が長くなり、主語と述語がねじれた文になってしまったりして、筋道の通った文章にならない傾向があります。文章の書き方を学び、読み手に伝わるよさを実感してほしいところです。

まず考えてみよう

どうして思いつくままに書いてしまうのか？

その原因に、「衝動性の強さ」が疑われます。その他には、次のような特性も、原因の一つになっている可能性があります。

■実行機能への注目

目標達成のために自分を制御しながら処理を進めていく「実行機能」が弱い子どもがいます。そのため、文書を書くにあたっても、①テーマに沿って書くべき情報を思い出す、②思い出した情報を取捨選択する、③書く順番を決める、④実際に書いてみて修正する、という一連のステップが踏めず、成り行き任せに書いてしまっている可能性があります。

■中枢性統合への注目

部分の意味を全体の意味につなげる力を「中枢性統合」といいます。この力が弱い子どもの場合、細部の出来事にのみ着目して書き進めてしまうことになります。その結果、全体を通して何を言いたいのかがわかりにくい文章になりがちです。

やってみよう

子どもの困難さを補うような個別の支援を検討してみよう

筋道の通った文章を書くことが難しい子どもの場合、一つのステップだけに専念できるようにすることで、課題に取り組みやすくなります。

■テーマから思いつくことを自由に書く、選択する、順番を決めてみる

ステップ①では、まず紙面の中央にテーマを書きます。次に、テーマと関連して思いついたことをその周りに書き、テーマと線でつなぎます。さらに、周りに書いたことから想起できることがあれば、書いて線でつなぎます。このように、**自由に枝葉を広げていくことで、書く情報の候補を複数挙げることができてきます**。これをマップづくりといいます。

ステップ②では、書く情報の候補の中から、どの情報で文章を書くかを担任と話し合って決めていきます。

ステップ③では、担任と話し合って決めた書くことを、書く順番に、別の紙に書き出します。そして、それぞれ「いつ、どこで、誰が、どうした」の観点から書き、さらに情報を広げていきます。

■全体を通して伝えたいことを考えさせていく

中枢性統合が弱い子どもの場合、それぞれのステップの中で折に触れて「全体を通して、何が言いたいの？」と投げかけて、今、書いている文章の意味を考えさせることが大切です。このように、部分から全体につなげるような対話をできるだけ行いながら、筋の通った文章にしていきます。

■ねらいを絞って取り組んでいく

学習のねらいは、筋道が通るように文章の内容を考えることです。書くことが苦手な子どもの場合は代筆やパソコン入力等によって書き進めていくのもよいと思います。

Point

- 書く作業を複数のステップに分けて、一つずつ取り組めるようにしましょう。
- 対話を通して、何が言いたいのかを考えさせて、筋道が通るようにしましょう。

（重田　剛志）

〈参考文献〉

・河村暁著（2019）『実践編　ワーキングメモリを生かす指導法と読み書き教材』Gakken、108〜109頁

19 出来事は書けるが心情が書けない

きょうぼくは公園に行って
そのあと宿題をしてから
ひるごはんを食べて
買い物に行きました。
楽しかったです。・・・

気になる様子

文章を書くときに、出来事だけを書く子どもがいます。中には、時系列で一から十まで、すべての出来事を書く子どももいます。心情を書くことについては、「楽しかった」とひと言くらいしか書けません。

思春期を迎える高学年になると、子どもの心理状態は複雑になります。少しでも心情を表す言葉を増やして、相手に伝わることのよさを実感してほしいところです。

まず考えてみよう

どうして出来事は書けても、心情は書けないのか？

この背景にあるものは子どもによって千差万別ですが、次のような二つの特性が、主な原因になっている可能性があります。

■継次処理優位で、時間の流れに沿って書く方が得意なのではないか

全体を把握してから細部を認識していく同時処理よりも、一つずつ物事を順番に考えて処理していく継次処理の方が強い子どもは、「最初に～して、次に～して、最後に～して……」のように、順番に物事を考える傾向があります。したがって、文章にするときも、時系列の出来事の記憶をそのまま書いていく方が、書きやすいと感じるようです。

■自分の心情と相手の心情を捉える想像力に弱さがあるのではないか

心情は抽象的なものですので、自分の心情を書くためには、自分の中にある喜怒哀楽の感情を繊細に捉える想像力が必要となります。また、相手の心情を書くときも同様で、相手の視点に立ち、相手の心情を的確に捉える想像力が必要となります。よって、**想像力が弱いと、心情の全般において、表現することが難しくなります**。

やってみよう

文章の「型」や「チップと言葉の対応表」を使ってみよう

■文章を「型」にあてはめて書く

出来事を時系列で、一から十まで書いてしまうような子どもの場合、「型」にあてはめることで、読み手に伝わりやすい文章にすることができます。この「型」には、結論が末尾にある「尾括型（序論―本論―結論）」や、結論が冒頭にある「頭括型（結論―本論―補足）」、結論が冒頭と末尾の両方にある「双括型（結論―本論―結論）」等があります。

■抽象的な心情を具体化、視覚化、言語化してみる

抽象的な心情を、目に見える形に具体化していくと、適切な心情表現が見つかり、相手に伝わる文章に変えていくステップになります。

ＮＰＯフトゥーロ　ＬＤ発達相談センターかながわ編著の「気持ちチップ」を使うと、その時々の心情を、気持ちチップの種類（😊・😠・😢・☹等）と枚数で表すことができます。それぞれ、出せる最大の枚数を5枚と決めれば、😊が5枚で「すごく嬉しい」、😊が2枚で「少し嬉しい」ということが、視覚的にわかります。

この教材の中には、「チップと言葉の対応表」も入っています。置いた気持ちチップの種類と枚数をこの「対応表」と照らし合わせれば、適切な心情表現の言葉を見つける手がかりとなります。

また、複数の気持ちが入り混じった場面も「気持ちチップ」で表現できるので、とても便利です。例えば、「お祭りでかき氷を買ったけど、落としてしまった」という出来事があったとします。子どもが、☹☹☹☹☹、☹☹と置けば、対話する担任が、子どものそのときの複雑な心情の機微を視覚的に理解することができるわけです。

（重田　剛志）

Point

- 「型」を使うことで、読み手に伝わりやすい文章にしましょう。
- 抽象的な心情を具体化、視覚化、言語化しましょう。

〈参考文献〉
・NPOフトゥーロ　LD発達相談センターかながわ編著（2019）『自己・他者の感情理解を育てる　SSTカード教材　気持ちチップ』かもがわ出版

20 数を数えるときに正しく数えられない

気になる様子

自分の筆箱を開けたときに、鉛筆が何本入っているかわからない。座席やロッカー、靴箱などの位置を説明できない。このような子どもの背景を探ってみましょう。

具体物を見て、その数や量を把握するには「だいたいいくつ」と見当をつける力が必要となります。特定の位置を説明するには、「上からいくつ、左からいくつ」などの言葉で伝える力が必要となります。

まず考えてみよう

子どもの認知処理の様子は？

どうして、もののおよその量や順番、位置を把握することが困難なのでしょうか。そのような苦手さを抱える子どもの中には、情報をまとまりと捉える力や、複数の情報の関係性を捉える力が不足したりしている子どもがいます（同時処理能力の不足）。ものの順番や位置を把握することが苦手な子どもの中には、物事を順序立てて考える力が不足していたり、時間の流れを捉える力が不足したりしている子どもがいます（継次処理能力の不足）。

つまずきのタイプによって考えられる子どもの状態は次のようなことが予想されます。

・同時処理能力が不足していると、数をまとまりで捉えること（**基数性**）や、文字の細部を捉えることが難しくなる
・継次処理能力が不足していると、数を正しい順序で数えること（**序数性**）や、文字の書き順を覚えることが難しくなる

算数の学習で考えると、1年生の初期の単元「いくつと　いくつ」でつまずいてしまう場合があります。そこでつまずくと一桁の足し算・引き算を解くことも難しくなります。

やってみよう

学校生活の経験の中で数概念を育てよう

支援方法として、様々な方法で数の概念を育てるアプローチをしていくことが大切です。

■ **数をまとまりで捉える「基数性」を育てるアプローチ**

基数性を育てるには、具体物の量や長さと、数詞と数字の対応関係を育てることが大切になってきます。詳しい実態把握のために医療機関を受診することや、通級指導教室で専門的な指導を受けることが考えられます。

クラス担任としては、他の子どももいるために個別的な支援を行える機会は限られています。給食当番でパンなどを配るときに一人ずつ配るところから班の人数を考えていっぺんに取る練習をしたり、音読カードに貼るシールを取ってくる係をやり、まとめて必要な枚数を考えながら取る練習をしたり、**学校生活の中に埋め込まれている量や長さに触れる機会を有効に活用しましょう**。

■数の順序を理解する「序数性」を育てるアプローチ

数を数える力である序数性についても、実態把握と具体的な支援において、専門的な機関で専門的な支援を受けながら身につけていくことも検討しています。

クラス担任としては、基数性の支援と同じく算数の授業での可能な限りの個別的な支援と、それに加えて授業以外の学校生活の中で経験できる事柄から、順序性のある数に触れる機会を設定することが可能です。具体的な事柄としては、クラスの黒板にある日付を書く係を引き受けることや、給食の献立表のカレンダーを見て今日の給食の献立を書いたり、しるしを移動させたりする係を引き受けることなどが考えられます。

Point

- 正しく数えることが難しい子どもの背景を理解しましょう。
- 学校生活の中で繰り返し経験できる、数の操作場面を見つけてあげましょう。

（川上　賢祐）

〈参考文献〉
・熊谷恵子・山本ゆう著（2018）『通常学級で役立つ　算数障害の理解と指導法』学研プラス

21

量を表す単位を理解することが難しい

気になる様子

身長を聞かれて「128メートル」と答えてしまう子どもや、体重を聞かれて「31グラム」と答えてしまう子どもがいます。このような子どもの背景を探ってみましょう。

量の単位を身につけるには、長さやかさを直接比較する力や、量を別の物の数に置き換えて考える力を経て、定規やはかりなどの道具を使って単位を使った数値で量を表現することができるようになります。

まず考えてみよう

単位を理解するのに必要な力は？

「長さ」「かさ」「重さ」「時間」「面積」「体積」などの量を測定して、単位を使って理解したり、表現したりするまでには、いくつかの段階を経る必要があります。

- もの同士を**直接比較**ができるようになる（直接比較ができるものは二つのものを並べて比べられる場合に限る）。
- 直接比較ができない移動できないものや、二つが同時に存在できないものを比較するためには**間接比較**の方法についての知識と技能が必要となる
- 身近にあるものを一つの単位として用いて「○○の何個分」という形で**任意単位**を用いて比較や計測する方法を経験する
- 任意単位を使わずに、みんながわかって使える**普遍単位**を用いた比較や計測を理解して使用することができるようになる

普遍単位を使用するには、「長さ：m」「かさ：L」「重さ：g」「面積：a・cm^2」「体積：m^3」などの単位を理解する必要があります。時間については、「秒・分・時間・日」と異なる単位を使うので、また別の学習が必要となります。表にそれぞれの単位に付ける基準値からの倍率を表す接頭語を示しています。この表を見ることによって単位ごとの倍率がどのようになっているのかを理解できる子どももいると考えられます。

倍率	読み方	記号
1000倍	キロ	k
100倍	ヘクト	h
10倍	デカ	da
1		基準
$\frac{1}{10}$倍	デシ	d
$\frac{1}{100}$倍	センチ	c
$\frac{1}{1000}$倍	ミリ	m

単位を変換する接頭語

量の理解や単位の活用のどこにつまずいているのか把握をすることが必要です。

やってみよう

日常生活の経験の中で単位を理解していこう

算数の教科書では、1年生で「どちらがおおい」、2年生で「長さ（水のかさ）をはかってあらわそう」「時計を生活に生かそう」、3年生で「重さをはかって表そう」と実際の体験を通して量の比較をする単元があります。

単元の学習の後も、生活の中で普遍単位がついているものに視点を向けることを促すための働きかけが大切であると思います。発見できた場合には実際に測ってみて、書かれている単位量と同じであるかを確認する作業も大切です。見たり持ち上げたりしてみた量の感覚と、実際の単位量との結びつきを体感できるとよいと思います。

Point

- 普遍単位習得までの段階を理解しましょう。
- 生活経験の中で身近にある単位に注目することを促しましょう。

（川上　賢祐）

22

簡単な計算でも暗算することができない

気になる様子

2年生になるとたし算やひき算の筆算を習うことになりますが、筆算の解法の手順はわかっていても、一桁のたし算やひき算を解く際に、指を使わないと解くことができない子どもがいます。

このような状態にある子どもは、一桁の計算を暗記して検索する力が身についていないために、指を使わないと解けないということが考えられます。

まず考えてみよう

たし算ひき算ができるまでの道筋は？

小さい数（20までの数を扱う）のたし算やひき算につまずいている子どもは、筆算などで必要となる計算の手続きを身につける前に、小さい数の計算を行うためのパターンを正確に記憶して、それらを保持し、必要な場面で検索する力が必要となります。

たし算やひき算ができるまでの道筋は次のような順序となります。

- 数を順に数え上げる方略を身につける
- 一つの集合ともう一方の集合を合わせて数え、二つの数を集合する
- 基本となる数から増えていく方向と減っていく方向に、加える数と減る数を記憶に留めながらスムーズに操作する力をつける
- 20までのたし算やひき算を暗記して、これまで経験した長期記憶から答えを検索する方略（**検索方略**）を身につける

やってみよう

段階に応じて20までの暗算を身につけよう

小さい数のひき算やたし算、かけ算の九九やわり算を暗算できるようになるためには、子どもの実態に応じて段階的な支援をしていくことが必要となります。

■指を使って、たし算やひき算をする「指方略」を活用する

20までのたし算やひき算を長期記憶として貯蔵し、検索して答えを導き出すことが最終的な目標となりますが、それが難しいときには指を使って答えを導き出す**「指方略」を使用しながら数に対する感覚を身につける段階も認めていく**ことが大切です。「指を使わないで、計算しよう」と言われてもこの段階にある子どもにとっては、自分の頭の中ではたし算やひき算を行うことが難しいので、自分で計算できる方略を尊重することが必要となります。

■子どもの得意となる計算方略を利用する

20までの計算を記憶するためには、半具体物を使って答えを導き出すことが有効になります。その際には、それぞれの子どもの得意な認知処理（順序だてて考える継次処理が優

位か、いっぺんに数を把握して考える同時処理が優位か）によって、身につけやすい方略が変わってきます。詳しくは、この項の最後に挙げている参考文献を参照してください。

■九九は自分に合った方法で覚える

2年生で学習する九九については、一般的な方法としては唱えて覚える方法がありますが、本人に合った方法を探ることが大切となります。九九の表を見ながら視覚的に覚える方法、九九の歌を聴きながら聴覚的に覚える方法、アプリを使ってゲーム感覚で覚える方法等、本人に有効な方法を活用していきましょう。

Point

- 検索ができるまでに、指を使った方略も尊重しましょう。
- 暗算できるようになるには、本人に有効な検索方略を探りましょう。

（川上　賢祐）

〈参考文献〉
・熊谷恵子・山本ゆう著（2018）『通常学級で役立つ　算数障害の理解と指導法』学研プラス
・伊藤一美（2022）「算数障害のアセスメント　就学前後の計算方略の発達的な変化」、『LD研究第31－4』日本LD学会

23 計算をするのにとても時間がかかる

気になる様子

算数の時間、周りの子どもたちが計算問題に取り組んでいる中、計算をするのに時間がかかり、なかなか進まない子どもがいます。はじめは、周囲と同じようにやりたいと頑張っていますが、いつも時間内に終わらない、他の子はできているのに自分だけできないという状況が続くと、「どうせ自分はできない」「計算は苦手だから」と、だんだん学習意欲が低下してしまいます。

まず考えてみよう

計算に時間がかかるのは練習不足なのか？

計算をする際に、どうして時間がかかってしまうのでしょうか。「練習が足りないから」「やる気になればできる」と捉えてしまうことはないでしょうか。子どもの困難さについて考えるとき、その子どもが計算問題のどこまでは習得できていて、どこにつまずいているのかということを、子どもの様子をよく見て確認することが大切です。次のような観点で子どもの様子を観察してみましょう。

- 四則計算の習得につまずきはないか
- 計算の手順の理解につまずきはないか
- 計算した結果を書く前に忘れてしまうなど、記憶の弱さはないか
- 筆算の桁がずれるなど、空間的な位置関係を把握することの難しさはないか
- 集中を妨げる刺激はないか

やってみよう

つまずきへの働きかけと環境調整をしよう

失敗や叱責の体験を積み重ねることにより、苦手意識や嫌悪感をもち、意欲や自信が低下してしまうことがあります。そうならないための配慮を考えていきましょう。

■子どものつまずきを減らす支援策を考える

筆算の計算をするときに、桁がずれる、計算結果を書く場所がわからなくなる場合は、マス目のある用紙を使うことで位取りがしやすくなります。また、繰り上がりの数を書く場所を決めておくことで、繰り上がりの数を覚えておく負担を減らせます。計算の手順でつまずいている場合は、①手順を矢印で書く、②手順を書いたカードを提示する、③計算の手順を言葉で唱えて確認しながら計算する、などの手立てで困難さを減らしましょう。

■計算問題の分量を調整する

計算に慣れるために繰り返し問題に取り組ませることが、逆効果になることがあります。意欲や集中力の向上を図るために、計算問題の分量を調整するという配慮が時には必要です。例えば10問の問題に取り組むときに、2問コース（1問50点）、5問コース（1問20

点）、10問コース（1問10点）を用意し、**子どもが自分でコースを選んで満点を目指して取り組む**という工夫があります。

■**計算機を利用して、負担を減らす**

計算そのものが重要ではない問題では、計算機を利用するなどして本来の学習課題に注力できるようにすることも大切です。

Point

- **子どものつまずきをよく観察して、つまずきに応じた支援策を考えましょう。**
- **学習課題に応じて、計算問題の分量や計算機の利用などの配慮を検討しましょう。**

（杉浦　里奈）

〈参考文献〉
・東京都日野市公立小中学校全教師・教育委員会・小貫悟著（2010）『通常学級での特別支援教育のスタンダード』東京書籍、144頁
・井上賞子・杉本陽子著（2008）『特別支援教育はじめのいっぽ！』Gakken、85頁
・「国立特別支援教育総合研究所発達障害教育推進センターウェブサイト」 https://cpedd.nise.go.jp/

24

四則の混合した式などを正しい順序で計算できない

気になる様子

算数の時間、四則の混合した式の計算に取り組んでいます。ある子どもは「わり算の答えにあまりが出たけど、これでいいのかな?」と悩んでいます。ある子どもは「＋? ÷? この記号はどっち?」と困惑しています。ある子どもは「頑張って計算したのに答えが全然違う……なんで!?」と落ち込んでいます。このような子どもたちの背景、支援の方法を考えてみましょう。

まず考えてみよう

四則が混じると計算できないのはなぜ？

四則の混合した計算では、計算する順番がとても大事です。高学年になると、四則の混合した式から答えを求める場面が増えるので、確実に習得する必要があります。たし算、ひき算、かけ算、わり算のそれぞれの計算であればできるのに、四則の混合した式になると計算することができない子どもがいます。正しい順序で計算することができない子どもには、どんな背景があるのでしょうか。次のような観点で子どもの様子を観察してみましょう。

- 計算の順序のきまりを理解するのが難しく、どんな問題でも左から順に計算していないか
- 計算結果を覚えておくなど、短期記憶の弱さはないか
- ＋、×の記号の捉えにくさはないか

やってみよう

子どもの取り組みやすさの視点で考えよう

子どもの「できるようになりたい」という気持ちに寄り添い、子どもが取り組みやすくなるための支援を考えましょう。

■学習したことを振り返れるように環境を整える

「計算の順序がわからない……」と子どもが困ったり悩んだりしたときに、学習したことの要点を簡潔に教室に掲示していつでも振り返ることができるようにしておくと、自分で解決する手助けになります。掲示をするときは、教室前面の視覚刺激を減らすため、教室の側面や背面に貼り出すようにしましょう。

■計算問題の提示の仕方を工夫する

たくさんの計算問題が余白なく詰まって書かれていると、記号や数字の捉えにくさがある子どもには大きな負担となります。①余白を十分に取る、②プリントを折って必要なところだけ見えるようにする、③＋、－、×、÷で記号を色分けするなど、子どもの取り組みやすさを考えて提示の仕方を工夫しましょう。余白が十分にあれば、計算の手順を図式化したり計算の結果を書いたりすることができ、ミスを減らせます。

■子どもが安心して学べる学級の雰囲気をつくる

教師が何気なく発した「さっきも説明したよね？」「1年生からやり直したら」などの言葉で傷つき、意欲や自信をなくしてしまう子どもがいます。子どもが安心して学ぶためには、わからないときや困ったときに、**「もう一度教えてください」とヘルプが出せるような温かく寛容な学級の雰囲気**が必要です。結果ではなくその過程を認めて励ますこと、肯定的な言葉を多く使うことを意識して子どもと関わっていきましょう。

Point

- 取り組みやすい方法を子どもとともに確認し、自分でできる状況をつくりましょう。
- 肯定的な言葉を多く使い、子どもが安心して学べるようにしましょう。

（杉浦 里奈）

〈参考文献〉
・東京都日野市公立小中学校全教師・教育委員会・小貫悟著（2010）『通常学級での特別支援教育のスタンダード』東京書籍
・川上康則著（2022）『教室マルトリートメント』東洋館出版社

25 繰り上がりや繰り下がりの計算ミスが多い

気になる様子

たし算やひき算は理解しているのに、繰り上がり・繰り下がりのある計算になると、途端に計算ミスが増える子どもがいます。

繰り上がりや繰り下がりのある計算では、筆算の仕方についても学習をします。筆算で正答を導くには、位をそろえて書いたり、計算する順番に気をつけたりする必要があります。位をそろえることや計算の順を覚えることに困難さがあるのかもしれません。

まず考えてみよう

筆算や計算をするときの様子は？

たし算やひき算は理解しているのに、繰り上がりや繰り下がりになると、どうして計算ミスが増えてしまうのでしょうか。繰り上がりや繰り下がりの計算では、筆算を行うことが多いですが、その計算の様子を次のような視点で確認してみましょう。

・筆算や筆算の答えを書くときに、位の位置がずれていないか
・字の大きさは、マスの大きさにあっているか
・計算の途中で手順を間違えたり、どこを計算しているかがわからなくなったりしていないか

順番通りに行えば簡単に感じる筆算ですが、ワーキングメモリや視空間認知の弱さのある子どもにとって、繰り上がりや繰り下がりのある計算の筆算は、手順が多く複雑です。困難さに合わせた工夫を考えてみましょう。

やってみよう

計算用紙や準備を工夫しよう

子どもの様子を観察して、何に困難さを感じているかがわかったら、取り組みやすさを確認しながら、その子に合わせた方法を考えてみましょう。

■位がずれないように、筆算を書くときはマスのある紙を使う

視空間認知が弱い子は、書いているうちにどこに書けばいいかわからなくなり、位がずれてしまうことがあります。筆算をするときには、マスのある紙を用意することで、位がずれないようにします。

■マスの大きさや線の太さ、色分けなどを工夫する

マスのある紙で計算をしていても、マスに合った大きさの字を書くことが難しく、位がずれてしまうことがあります。その子に合わせて書きやすい大きさのマスを準備しましょう。また、線の太さを変えたり色分けをしたりすることで、見やすくなったり、どこに書けばいいかわかりやすくなったりします。**子どもに確認をしながら試していくことで、その子に合った工夫が見つかります。**

■筆算の手順がわかるカードや動画を使って、自分で練習できるようにする

繰り上がりや繰り下がりのある計算は、答えを導き出すまでの手順が多いため、計算をしているうちに、どこの部分を計算していたのかわからなくなってしまうことがあります。筆算をするときに、計算の手順が図や文章で書かれた説明カードを横に置いたり、筆算のやり方がわかる動画を撮影しておき、一人一台端末を使って子どもが見ながらできるようにしたりすることで、手順を思い出す助けになります。動画は、好きなタイミングで止めたり、スピードを変えたり、繰り返し見たりすることができるため、自分のペースで使うことができます。

Point

- 位をそろえて書きやすくなるように、計算用紙の形式を子どもと相談しましょう。
- 筆算の手順を思い出せるような工夫をして、自分のペースで使えるようにしましょう。

（埴淵　かおり）

26

計算問題を解くときに具体物がないと理解が難しい

気になる様子

簡単な計算問題でも、指を使って計算しないと答えがわからない子がいます。指やブロックなど具体物を使って数え上げる経験は、数の感覚を定着させるために必要な経験ですが、いつまでも使っている様子を見ると心配になります。

指を折って一つずつ数を数えているなどの様子があれば、数のかたまりなど数量的な感覚が身についていない可能性があります。

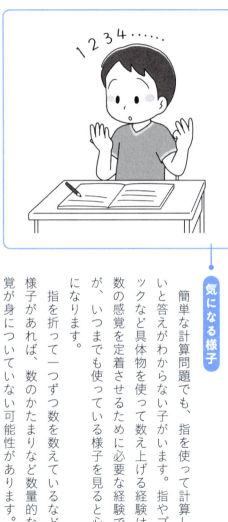

まず考えてみよう

暗算に必要な力とは？

簡単な計算でも、指やブロックを使わないと計算ができないのはどうしてなのでしょうか。発達段階に応じて、具体物を使用して計算することは大切な過程ですが、いつまでも具体物がないと簡単な計算ができない場合は、以下のような視点で子どもの様子を確認してみましょう。

- ・数字を見たり聞いたりして、その量をイメージすることができているか
- ・数をまとまりとして捉えることはできているか
- ・記憶する力に弱さはないか

指や具体物を使用せず計算するには、数量関係の理解やワーキングメモリが必要です。まずは、指やブロックを使って、**なんとか自分で計算しようとする子どもの気持ちを価値づけながら**、少しずつ練習をしていきましょう。

やってみよう

工夫した練習で意欲を失わせないようにしよう

具体物を使って計算することは、計算方法の一つであり、強く否定する必要はありません。しかし、具体物が使用できないため指等を使うことで時間がかかり、人より疲れてしまうことがあります。計算の練習方法を工夫し、負担なく練習できるようにしましょう。

■数のまとまりを意識できるようにする

暗算をするときには、「9は4と5」「3と7で10」など数の合成や分解がスムーズにできることが必要です。しかし、数をまとまりとして捉えていない場合、頭の中で数の合成や分解ができず、指やブロックを使わないと計算できません。まずは、5や10のまとまりなど、数のまとまりを意識し、数の合成と分解ができるようにしていきます。例えば、「5＋4」の計算で、5個と4個で色を変えた丸の図や、5のまとまりが囲んである図など、**まとまりを意識できるように工夫したプリント**を用意してみましょう。

■算数ゲームを通して数量関係への理解を促す

数字を見たり聞いたりしても、具体的な量のイメージが浮かんでいない場合は、数量関係の理解が身についていない可能性があります。まずは、算数ゲームなどを通して、**数字を見てその量のイメージが浮かぶようにしていきます**。丸が複数描かれたカードを見てその数を答えたり、同時に数字の書かれたカードを引いてどちらが大きいか競ったり、楽しく数量関係を身につけていくことができるように工夫しましょう。

■計算の量を減らしたり、電卓の使用を検討したりして負担を減らす

具体物を使うと周りの子より時間がかかり、疲れてしまいます。計算が苦手だからといってたくさん練習させるのではなく、問題数を減らして、無理なく自分の力でできるようにすることで、意欲を低下させないように配慮しましょう。また、学習内容によって、電卓を使用することで、本来その単元で身につけたい力や理解に注力することができます。

Point

- 数のまとまりや数量関係の理解について楽しく練習していきましょう。
- 計算問題の量や解き方を子どもと相談して決めましょう。

（埴淵　かおり）

27

算数の文章問題を解くときに内容を理解して図式化できない

りんごが9こあります。
3つずつふくろに
入れると、ふくろは
何まいいりますか？

気になる様子

単純な計算問題はできるのに、文章問題になると手が止まってしまう子どもがいます。正しく立式や計算するために、図式化して問題場面を整理しようとしますが、文章を読んで図式化するにも様々な力が必要です。

文章問題の図式化で困っている子どもは、問題場面を具体的にイメージできない、言葉と式の意味が結びついていないなど、推論する力が弱い可能性があります。

まず考えてみよう

問題場面をどのくらいイメージできているか？

文章問題を図式化するには、文章を読んで問題の場面を想像し、何が問われているかを理解したり、必要な数字や言葉を見つけたりすることが必要です。一緒に文章を読みながら、次のような観点で観察してみてください。

- 文章に出てくる単語や「あわせて」などの言葉の意味を理解したり、「＋」や「－」の記号と言葉の意味が結びついたりしているか
- 問題を読んで、話の順番や内容を具体的にイメージできているか
- 答えを導くために必要な数字や言葉を整理することができているか

学年が上がると文章問題は複雑化してきます。情報量が多いと、問題場面を把握することは難しくなるため、まずは、シンプルなものからスモールステップで図式化する練習をしましょう。

やってみよう

具体的にイメージできるようにしよう

■文章問題を視覚的にわかりやすくする

文章問題には、多くの情報があります。内容を整理し、必要な情報を見つけるために、問題に線を引いたり、印をつけたりして、文章問題を視覚的にわかりやすくします。「○がいくつ」「ふえると」など必要な情報だけに印をつけるようにし、注目しやすくします。その際、わかっていることと聞かれていることで色や印を分けるとより整理しやすくなります。また、「このようなときは○○算」など、**算数の言葉と意味を整理して掲示しておく**と、子どもが困ったときにいつでも確認できるようになります。

■文章を一文ずつ読んで、順番に絵に描いてみる

文章問題にある多くの情報を一度に図式化しようとせず、少しずつ整理していくことで、問題場面の様子が捉えやすくなります。問題の文章を一文ずつ読み、その都度簡単な絵に表していきます。一文ずつ行うことで、多くの情報も順番に整理することができます。じっくり取り組むためにも、問題用紙に十分な絵を描くスペースをつくったり、絵を描くた

めの時間を確保したりするなど、教師の配慮が必要です。

■具体物の提示や操作活動など体験的な活動を取り入れる

文章を読んでも、出てくる言葉を具体的にイメージできないと、内容を理解することは難しいです。実物や半具体物を提示することで、イメージがしやすくなり、問題場面を捉えやすくなります。実物による体験的な活動やブロックなどを使った操作活動によって、さらに具体的な場面が把握しやすくなります。

■文章問題の場面をより身近なものにする

子どもは、見たことや体験したことがないもののイメージをもちにくいです。問題場面をより理解しやすいように、身近なものを題材にしたり、体験したことを問題にしたりして、出てくる言葉の意味を捉えやすくします。

Point

- 子どもに合わせて、問題場面が把握しやすくなる方法を考えましょう。
- 一文ずつ読んで、少しずつ情報を整理するようにしましょう。

（埴淵　かおり）

28

事物の因果関係を理解することが難しい

気になる様子

授業中に国語の説明文を読む際に、書いてある内容の因果関係を理解するのに時間がかかり、困っている子どもがいます。このような子どもの背景を探ってみましょう。

物事の因果関係を理解するためには、状況を理解し、因果関係があることを意識し、原因と結果を見つけ出し、結びつけることが必要です。この中のどこかの能力が弱い可能性があります。

まず考えてみよう

子どもの特性と学習環境から考える、困難さの背景は？

事物の因果関係を理解することがどうして難しいのでしょうか。子ども自身が抱える困難さに影響する特性と、授業のわかりやすさなどの学習環境の両面から困難さの背景について、次のような観点で様子を観察してみましょう。

- 「原因」と「結果」の意味を理解しているか
- 原因と結果を個々に正しく理解しているか
- 普段の生活の中で因果関係を正しく認識しているか
- 因果関係がわかる例文等の資料が用意されているか

因果関係を理解するのが難しい子どもがいることを念頭におき、授業の中で、因果関係を視覚的に表すなど理解しやすい環境になっているか考えてみましょう。

やってみよう

あせらず、わかっているところから取り組んでみよう

因果関係の理解の難しさは子どもの発達段階により違います。まずは、どこまで理解をしているのか、本人のペースに合わせて支援を考えていきましょう。また、因果関係の理解は時間がかかることもあります。あせらずに支援を続けましょう。

■「因果関係」の基本がわかるプリント等を活用する

物事には「原因→結果」という関係性があることを学習することが必要です。簡易な文章から「因果関係」を学習できるプリントや動画などを用意して取り組んでみましょう。

■原因を見つけるキーワードを教える

苦手な子どもにとっては、たくさんの文の中から原因となる部分を探すことは大変難しいことです。そこで、「〜から」「〜ため」「理由」等、原因を探すときのポイントとなる言葉を教えます。ポイントとなる言葉を見つけることで、原因となる部分を正しく捉えやすくなります。

■因果関係を一緒に整理する

原因と結果を矢印等で図式化して整理することで原因と結果を結びつけやすくなり、理解の手がかりになることがあります。ワークシートを用意し、はじめのうちは一緒に取り組んでみましょう。ワークシートと同じ図が板書にもあると、より安心して学習を進めることができます。

■文字が苦手な子どもとは音声でやりとりをする

そもそも文字を読むのが苦手で、因果関係を理解していないように見える場合もあります。読むのが苦手な子どもはタブレット端末で朗読音声を聴けるようにしておきましょう。因果関係が理解できているかどうかについて、口頭でやりとりをしたり、選択問題で確認したりする方法もあります。

Point

- 「因果関係」の基本から支援しましょう。
- 子どもに合った方法で学習できるようにしましょう。

（本田　篤）

29

図形を描くことが難しい

気になる様子

コンパスで円を描いたり、立体や展開図を描いたりするのに時間がかかる子どもがいます。このような子どもの背景を探りましょう。図形を描くことが難しい子どもは、空間にある物の位置や形などを捉える力の弱さ、指先の不器用さなど、複数の要因が考えられます。道具の使い方の指導だけでなく、替わりの手段を用いて学習をスムーズにしてあげることが大切です。

まず考えてみよう

どこでつまずいているのか？

定規やコンパスを使って図形を描くことがどうして難しいのでしょうか。子ども自身が抱える困難さに影響する特性と学習で用いる道具など、環境の両面から困難さの背景について、次のような観点で様子を観察してみましょう。

- ・空間にある物の位置や形などを正確に捉えられているか
- ・普段の生活の中で指先の不器用さは見られていないか
- ・右手と左手で異なる作業をすることはできるか
- ・定規やコンパスは使いやすい状態になっているか

練習を何度繰り返しても図形を描くことが難しい子どもがいることを念頭におき、**そのときに図形を描けなくても授業に参加できるように**工夫をしていきましょう。

やってみよう

一人一人に合った支援を考えよう

図形を描くことの困難さは子どもによって異なります。まずは、すぐにできるようにさせようと焦らず、本人のペースに合わせて支援を考えていきましょう。

■道具や道具の使い方をチェックする

コンパスの場合、ねじが緩んでいるケースが多く見られます。ドライバーで調整してみましょう。また、下敷きを使っている場合は外します。それでも針がすべってしまう場合は、ノートの下に薄い段ボールを敷くと描きやすくなります。三角定規や分度器の場合、目盛りが消えかけていたり、小さすぎたりして使いづらい場合があります。適切な大きさのものかどうかチェックしましょう。

■ICT機器を活用する

作図をする際に気をつけることはたくさんあります。道具の正しい使い方や作図の手順など、特に図形が苦手な子どもにとっては大変なことです。作図の手順は、動画にしてタブレット端末でいつでも何度でも確認できるような環境を整えておきましょう。手順を一つずつ確認できると作図がしやすくなります。

■図形を描くことへの負担を減らす

手先が不器用だったり、右手と左手で異なる作業をすることが難しかったりすると、コンパスの扱い方や、定規の押さえ方などが正しくないことが考えられます。道具の正しい扱い方を掲示したり、個別に教えたりすると、少しの時間でも道具の扱いに自信をもてるようになることがあります。薄い線で描かれた図形をなぞったり、図形の一部を描くと完成したりするようなプリントの工夫もあります。そのプリントを誰でも使えるようにしておくとみんなが安心して取り組めます。図形を描くことの負担を軽減し、**他の子どもと同じように学習に参加できるようにすること**が大切です。

Point

- 子ども一人一人の道具の使い方をよく観察しましょう。
- 図形を描けなくても授業に参加できるように準備しておきましょう。

（本田　篤）

30 はさみやのり、コンパスや定規などがうまく使えない

気になる様子

はさみで切るときに、ずれてしまったり、定規を使って線が真っすぐ引けなかったりと、道具をうまく使えない子どもがいます。

垂直な直線を引くときには、一方の手で片方の定規をずれないようにしっかり押さえ、もう一方で定規を軽くすべらせ、両方の定規を固定して、鉛筆で線を引きます。左右それぞれの手が違った動きをしなければなりません。どうしてうまくいかないのでしょうか？

まず考えてみよう

左右の手を別々に動かせるようになる過程は？

手の動作（微細運動）の発達は、どうなっているのでしょうか。生まれたばかりの赤ちゃんは把握反射として、手のひらに触れたものをぎゅっと握ります。生後10か月頃には親指と人差し指でものをつまめるようになります。幼児期になると親指と他の四つの指を順番にくっつけていくことができます。このとき、動かしている方と反対の手が無意識に動いてしまう（鏡像運動）ことがあります。定型発達の子どもは5歳以降、鏡像運動はほとんど見られなくなります。鏡像運動がなくなることで、左右それぞれが独立した動きができるようになるのです。しかし、鏡像運動が残ってしまう子どももがいます。

はさみで曲線を切る場合は、紙を持つ手の動きと、はさみをちょきちょきする動きは独立していて、さらにタイミングを合わせる必要があるのです。体幹が安定していくことが必須条件となります。垂直な線を引こうとしたとき、定規を押さえている手が、定規をすべらせている手につられて、**無意識に動いてしまう**ために、上手くいかないのだと考えられます。

やってみよう

参加と活動を支える環境設定をしよう

■個に応じた支援

軽い力で押さえられる定規を使ってみたり、また、大人が押さえる方を担当して、サポート付きでも線が引ける成功体験をさせましょう。

■通級指導教室等での運動機能のトレーニング

体幹を安定させるためには、体幹の筋緊張を高めることが必要です。例えば、トランポリン等での三半規管への刺激が有効です。大きな動き（粗大運動）が上手になると、微細運動も上手になってくるので、にぎる、投げる、持つ、つまむなど子どもが興味をもつもので手を動かすようにします。ひも通しや、様々な形・色・大きさのブロックをはめたり、積んだりすることで手指の分離（つまみ、対立）を促すことができます。レゴなどの市販されているブロックで指先を使う遊びもあります。手で回すコマは、コンパスの動かし方と同じです。

■環境の調整と操作の手順

机や椅子の高さを合わせましょう。背の高さに合わせ調節することで、床に足をしっかりつけ、体幹を安定させることができます。手が動かしやすくなります。また、操作しやすいように机の上を片付けておきます。

作業をする前に、例えば以下のような手順で、まずは大きな動作を通してイメージをもたせましょう。

・鉛筆を持つ手と逆の手で机をしっかり押さえる
・鉛筆を持つ手を机の上で前後にすべらせる
・定規を使って動かす練習をする

動かし方に慣れてきたら、実際に紙の上でやってみましょう。

（松原　一恵）

Point

- **本人が使いやすい道具を使いましょう。**
- **操作しやすい環境を整えましょう。**

〈参考文献〉
・厚生労働省「ＤＣＤ支援マニュアル」 https://www.mhlw.go.jp/content/12200000/001122260.pdf

31 グラフや表、地図などの資料を読み取ることが難しい

気になる様子

算数ではグラフや表の学習があります。4年生では、1年間の気温の変わり方を折れ線グラフで表します。「○月の気温は何度ですか？」「気温が○度なのは何月ですか？」は答えやすいのですが、「気温が○度なのは何月と何月ですか？」のような問題で困っている子どもがいます。また、線の傾きの大きさは気温の変わり方の大きさを表すことの理解が難しい場合もあります。

まず考えてみよう

グラフがしっかり見えているか？

グラフを読み取る際の子どもの見え方を次の視点で確認してみましょう。

①注意・集中ができているか
②マス目等が数えられているか
③左端から右端まで、見る途中で視線がずれていないか
④色の判別ができているか

それぞれの子どもの背景には、次のようなことが考えられます。①刺激が多いといろいろなところに気を取られてしまい、注目するべき箇所を見ていない場合があります。②近視や弱視等の見え方の確認が必要となる場合があります。③視力に問題はないものの、眼球運動がうまくいかず、端から端に目を動かすときに不規則な動きが出ている場合があります。④子どもによって判別しにくい色がそれぞれ違う場合があります。

やってみよう

学習活動への参加を促す環境設定をしよう

■個に応じた支援

タブレットで写真を撮り拡大しましょう。また、透明のシートにガイドの線を書いておいて、教科書に重ねて使ってみるなどもおすすめです。

■通級指導教室での取組の紹介

目の動かし方のトレーニングをしてみましょう。肩幅に手を広げ、人差し指を左右交互に見ます。左右、上下、斜めで練習します（跳躍性眼球運動）。次に、左右どちらか一方の人差し指を左右にゆっくり動かし、目で追います（追従性眼球運動）。体の真ん中を超えるように、動かしましょう。左右、上下、斜め、反対斜め、アルファベットのZの動きがやりやすいかもしれません。最後に、手を前に伸ばした状態から、鼻の頭に向かって少しずつ近づけていきます（輻輳《ふくそう》：両目のチームワーク）。

■クラスでのユニバーサルデザイン

以下のような取組で、クラス全体で環境を整えるようにします。

・視覚情報を精選する。黒板の周りをすっきりさせ、授業に関係ないものは、黒板以外に移動させる
・デジタル教科書ではガイドの線を表示させることができるため活用する
・子どもが自分でもできるように、定規をガイドとして使うことを伝えておく
・色の違いだけでなく、形の特徴を言葉にして伝える

（松原　一恵）

Point
・視線がずれないように定規などのガイドを使ってみましょう。
・色覚特性に配慮しましょう。

〈参考文献〉

・北出勝也著（２００９）『学ぶことが大好きになるビジョントレーニング：読み書き・運動が苦手なのには理由があった』図書文化

32

観察や実験の記録をまとめることが難しい

気になる様子

ひらがなを全部習っていない段階から観察カードを書きます。1年生の春から育てるアサガオの観察で「ちっちゃかった」のように子どもの言葉をそのまま書こうとすると、拗音や促音がたくさんでてきます。

観察のポイントがわからなくて、固まってしまう子ども、ふらふらとどこかへ行ってしまう子どもも見られることがあります。

まず考えてみよう

子どもの特性（タイプ）を整理しよう

1年生のアサガオの観察を例に考えます。教室内でできる観察もあれば、校庭に行って観察する場合もあります。学年が上がると、グループで観察することも増えてきます。

①書きたいことがあるのに、ひらがな（漢字）が思い出せないタイプ
②なんて書いていいのかわからずに固まってしまうタイプ
③気になることに気を取られてしまうタイプ

①のタイプは気づいたことがあるのに、ひらがな（漢字）を思い出すことに苦戦しています。小さい「ゃ」「ゅ」「ょ」「っ」の書き方は低学年では間違いが多いです。年齢とともに書くことを嫌がったり、わからないことを隠すために課題に取り組まなかったりすることもあります。

やってみよう

参加と活動を支える環境設定をしよう

■個に応じた支援

①のタイプの子には、書きたいことを口頭で言ってもらって、薄いグレーのペンで書いてあげましょう。高学年では、タブレット等のICT機器で入力することで、書字の苦手さを補います。

■通級指導教室等でのコミュニケーションのトレーニング

話すこと、聞くことはコミュニケーションの基礎です。日常の経験を言語化することからトレーニングしましょう。子どもが経験したことを「〜した」と報告してきたときがチャンスです。**ここで、5W1Hで質問しましょう**。虫や魚などを見つけたときに、色や形などを質問すると、一生懸命思い出して話してくれることでしょう。

■学級全体への支援の工夫

4、5月くらいの観察は絵だけを描くようにします。ひらがなを習ってきたら、少しずつ文字を入れていきましょう。

観察のポイントをあらかじめ示しておきましょう。例えば、色、形、手ざわり、におい、思ったことを板書しておきましょう。目で見たこと、耳で聞いたこと、思ったこと♡など、使う器官を記号化するのも有効です。

②のタイプの子どもへの対応として、記録を書けた子と、まだの子がいる段階で、ペアで交流したり、全体で共有したりして板書しましょう。友だちの意見を聞いたり、黒板を見て写したりすることも大事な学びということを価値づけしましょう。

③のタイプの子どもには、遊びではなく観察に行くこと、先生が見えるところにいることを約束してから行動しましょう。また、ろうかではおしゃべりをせず、歩くことも約束します。

（松原　一恵）

Point

- 書字が苦手なタイプは薄いグレーのペンで書いてあげましょう。
- 自分で見つけることだけでなく、学び合いを大切にしましょう。

〈参考〉
・「感覚マーク」（NHK for School『おばけの学校たんけんだん』より）

33 手順に従い作業することが難しく、勝手に取り組んでしまう

気になる様子

指定された手順を気にせずに、それに従うこともなく、自分のペースで取り組もうとする子どもがいます。子どもたちの中には、順を追って進めることが取り組みやすい子ども、作業全体をあらかじめ知っておくことで取り組みやすくなる子どもがいます。目の前の子どもは、どちらの進め方が合っているのでしょうか。また、どのような提示や進め方がよいのでしょうか。

まず考えてみよう

作業手順の伝え方はどうしたらよいか？

作業手順を確認してから取り組んでいるのですが、しばらくすると自分なりの方法、自分のペースで取り組んでしまうのはなぜでしょうか。子どもが作業をする場面で、どのように取り組んでいるのか、次のような視点で、改めて子どもを理解してみましょう。

・作業手順の確認の場面で、手順に注目しながら聞いているか
・作業の見通しをもったり、作業内容を理解したりしているか
・作業手順を見返すアイテムや手順表などがあるか
・困ったときに、聞いたり、確認したりできる環境になっているか

作業の場面では、見通しをもって取り組んだり、作業手順を見返すアイテムが必要になったりすることがあります。作業手順が理解しやすい環境になっているかを考えてみましょう。

やってみよう

作業手順の提示方法を工夫し、拠り所を準備しよう

作業には、見通しと流れを確認するために、拠り所になるものが必要です。作業に入る前に、子どもにどんなことを伝えておくべきかを考えてみましょう。

■作業手順をわかりやすく伝える工夫をする

子どもによって、順を追って作業を進めることがわかりやすい子、すべての工程を知ったうえで作業を進めることがわかりやすい子がいます。作業の流れを提示する際に、前者には、言葉で伝えたり、一つずつ作業を進めたり、見本を準備したりします。後者には、目的や意味を伝え、様々な工程に同時に取りかかれるように準備します。**子どもに応じて、提示に変化をつけてみる**ことも大切です。

■作業の流れを確認するための拠り所を準備する

作業の工程を確認したいときに、拠り所となるもの（作業手順を見返すアイテム・手順表など）を準備したり、板書や画面に残したりしておくことで、作業の流れから離れずに取り組むことにつながります。

■困ったときに、聞いたり、確認したりできる環境をつくる

困ったときに安心して聞いたり、確認したりすることができる雰囲気が大切です。作業に入る前に、ペアやグループで助け合うことや、教師に相談できることなどを伝えておくと安心して取りかかれそうです。

■スモールステップで確認する

作業の工程がたくさんある場面、工程によって確認が必要な場面では、「○○までやったら、一度、先生に見せてください」などと子どもに伝え、スモールステップで確認していくことで、一人一人の作業を把握することにつながります。

Point

- その子が取り組みやすい作業手順を知り、提示方法の工夫をしましょう。
- 作業の流れを確認するための拠り所や、困ったときに、聞いたり、確認したりできる環境をつくりましょう。

（山浦　みずほ）

34

教師による個別的な指導を受けることを嫌がる

気になる様子

教師は、学習や活動で困っている子どもの姿を見かけると、相談にのったり、一緒に考えたりしようとします。しかし、子どもたちの中には、個別に指導されることをよく思わなかったり、周りの目を気にしたりすることもあり、嫌がる様子を見せる子どもがいます。

子どもの思いに配慮しながら、個別の指導をどのように行ったらよいかを考えてみましょう。

まず考えてみよう

個別的な指導を受けている子どもの気持ちは？

教師が子どものそばに行き、個別的な指導をするとき、子ども自身はどんなことを感じているのでしょうか。教師としては、学習や活動で困っている子どもを見て、よかれと思い、個別的な指導で対応しているのですが、子どもも同じ思いなのでしょうか。個別的な指導を受けている子どもの気持ちを想像してみましょう。

・自分ができていないところを、みんなに聞こえる声で話さないでほしい
・自分で考えたいから、もう少し一人で考えさせてほしい
・一対一で説明されると緊張してしまう

個別的な指導を行うタイミングや、周りの環境への配慮など、子どものニーズに合わせた個別的な指導を検討する必要があります。

やってみよう

個別的な指導での配慮と指導形態の工夫を考えよう

学習や活動で困っている姿を見たときに、個別的な指導が必要になることがあります。個別的な指導を受け入れやすい関わりや、環境設定を考えてみましょう。

■個別的な指導をする場面での声の大きさ、指導時間、声のかけ方の工夫をする

個別的な指導を受けている内容が、周りの子どもに伝わりすぎないよう、指導の声の大きさに配慮しましょう。また、個別指導があまり長い時間にならないような配慮も必要です。じっくり個別指導をする場合は、子どもが周りを気にせずに取り組める時間を別に設定してもよいでしょう。

■子どもがどの程度、個別指導を求めているか様子を見る

子どもは、自分の力で解決したいと願っていることもあります。その場合は、「あとは自分でやってみる?」などと子どもと相談しながら、見通しがもてたら子どもに任せることも必要です。

■個別的な指導を、ペアやグループへの指導に形態を変えてみる

自分だけが指導を受けていると子どもが感じたとき、周囲の様子が気になってしまうことがあります。しかし、**指導を受けているのが個人でなく、自分を含むペアやグループであれば、指導を受け入れやすい**こともあります。また、周りの友だちと相談して解決していくような手立てを取り入れることで、協働的な学びにつながっていくこともあるでしょう。

Point

- 個別的な指導をする場面では、周囲も含めた環境への配慮や、子どものニーズの把握をしましょう。
- 個別的な指導をどこまでするのか、また個別からペアやグループへの指導形態の検討もしてみましょう。

（山浦　みずほ）

コラム

通級による指導とは

通級による指導とは、小学校、中学校、高等学校の通常の学級に在籍する言語障害、情緒障害、弱視、難聴などの障害がある児童生徒のうち、比較的軽度の障害がある児童生徒に対して、各教科等の指導は主として通常の学級で行いつつ、個々の障害の状態に応じた特別の指導を特別の指導の場で行う教育形態です。小学校・中学校では平成5年に、高等学校は平成30年に制度化されました。通級による指導を受けている児童生徒数は年々増加傾向にあり、制度は着実に定着してきています。

通級による指導を活用する児童生徒が、通級による指導で学んだことについて、在籍学級、学校での学習や生活の向上につながっていることを実感できることが大切です。通級による指導は、在籍学級、学校における指導や支援につながり、十分な教育が保障できることに意義があります。

① 通級による指導の対象は？

通常の学級に在籍する言語障害、自閉症、情緒障害、弱視、難聴、学習障害、注意欠陥多動性障害、その他、肢体不自由や病弱・身体虚弱のある児童生徒が対象です。

知的障害のある児童生徒については、通級による指導の対象とはなっていません。また、特別支援学校や特別支援学級に在籍している児童生徒についても通級による指導の対象とはなりません。

2 どのような指導を行っていますか？

特別の教育課程を編成して、障害に応じた特別の指導を通常の教育課程に加え、又はその一部に替えて指導を行うことができると、学校教育法施行規則第百四十条に示されています。

特別の指導は、特別支援学校学習指導要領第7章に示す自立活動の内容を参考とし、児童生徒一人一人の障害の状態等の的確な把握に基づき、個別の指導計画を作成し、具体的な指導目標や指導内容を定め指導を行います。自立活動の内容については、「健康の保持」「心理的な安定」「人間関係の形成」「環境の把握」「身体の動き」及び「コミュニケーション」の六つの区分及び27の項目が設けられています。自立活動の内容は、各教科等のようにそのすべてを取り扱うものではなく、必要な項目を選定して指導を行います。

3 通級による指導の三つの指導形態

児童生徒が在籍している学校において行う「自校通級」、在籍している学校以外の場で行う「他校通級」、教員が児童生徒の在籍校を訪問して行う「巡回指導」の三つがあります。「自校通級」と「巡回指導」は在籍する学校で指導を受け、「他校通級」は在籍している学校以外に通学する形で指導を受けます。

4 通級による指導を通常の学級に活かすために

通級による指導において効果のあった学びやすい教材・教具や支援機器、プリント類の工夫、自信や意欲を高める言葉かけや評価の仕方など通常の学級でも活用できるものを共有化していくようにします。例として、以下のようなことが挙げられます。

- 文房具なども、扱いやすいものを通級による指導で試してから学級でも使うようにする
- 課題量の調整や取り組みやすさの工夫、努力すればできそうな設定などについて、学級の他の児童生徒との関係も考えながら可能な範囲で実施してみる
- 指示や教示の仕方、褒め方・叱り方、わかりやすい評価の仕方など、言葉かけのタイミングや個別的な関わり方等について共有化する
- 児童生徒の頑張りを共有化する

（笹森　洋樹）

〈参考文献〉

・笹森洋樹編著（2021）『通級における指導・支援の最前線』金子書房

付録 発達障害について知っておきたいキーワード集

アクセシビリティ

アクセシビリティ（accessibility）には「利用しやすさ」「近づきやすさ」などの意味があり、誰もが平等に利用しやすい状態を指して使われる。例えば、高齢者や障害のある人を含めたすべての人々に配慮された状態があることにより、はじめてアクセシビリティが実現しているといえる。障害による物理的な操作上の不利や、障壁（バリア）を、機器を工夫することにより軽減しようとする考え方が、アクセシビリティあるいはアシスティブ・テクノロジーである。これは、障害のために実現できなかったことをできるように支援するということで、そのための支援技術を指している。

アセスメント

支援を必要としている児・者の状態像を理解するために、客観的に評価・分析して、改善に取り組むことをいう。最初の段階では、問題がどこにあるのか、背景にはどのような要因があるのか、ニーズは何かなどの実態を把握することから始まる。支援を進めていく段階では、当初の状態像の見立ては妥当であったか、対象児・者の変容はどのように見られているか、支援は適切であったかなどを把握していく。アセスメントには、スクリーニング的な機能と、診断的な機能がある。専門的に状態像を探る必要がある場合は、標準化された心理検査等のアセスメントが実施される。

援助要請

自分だけでは解決できないときに、解決のために他者に援助を求めることである。学習への取組が消極的で、回避傾向が強い子どもは、援助要請がうまくできない場合が多い。また少しでも困るとすぐに助けを求めたがる、不安が強い、完璧主義の子どもも適切に援助要請ができていない。発達障害のある子どもは、援助の求め方がわからない、できないことが露呈することに抵抗感がある、援助により成功した経験がそもそも少ないなどにより援助要請がうまくできない場合が多い。信頼できる人間関係を基盤として、援助要請は誰でも行うことであること、援助要請の具体的な手本と方法を教えること、援助要請による成功経験を積み重ねることが重要になる。

応用行動分析学（ABA）

人の行動に着目し、行動のきっかけと結果に注目することで問題の解決や改善を図る支援方法である。応用行動分析による支援では、行動を［Aきっかけ→B行動→C結果］という一連の流れで捉え、その行動の機能（目的）に着目するABC分析を行う。子どもの行動を主に以下の四つの機能（目的）に整理し支援を考える。要求：何かを獲得、要求したい行動、逃避：その場を回避したい行動、注目：注目されたい欲求からの行動、感覚：自己刺激行動など感覚刺激から生じる行動である。まず行動の前後の出来事を事実に基づき整理し、ABC分析で行動の機能（目的）を分析し、望ましくない行動を消去もしくは望ましい行動を強化する手立てを考えていく。

感覚統合・感覚統合療法

視覚、聴覚、触覚などの感覚器官からの情報を整理したりまとめたりする脳の機能のことである。人間の感覚には、触覚、視覚、聴覚、味覚、嗅覚に加えて固有受容覚、前庭覚の七つの感覚がある。これらの感覚は、環境に適応し、日常生活を営むうえで非常に重要な役割を果たし、学習や知能の発達、言語機能の発達などにも影響を与えている。発達性協調運動障害では運動機能に関する困難さが見られ、自閉スペクトラム症などでも、音や光に過敏であったり、逆に感覚刺激に鈍感であったりすることも見られる。エアーズが体系化した感覚統合療法は、発達障害や感覚処理に障害のある子どもに対して、感覚情報の処理や統合を改善するための手法である。

ケース会議（支援会議）

ケース会議や支援会議は、支援を必要とする子どもについて、その効果を上げることを目的として、関係者が情報を共有し、よりよい支援に関する検討を行う会議である。事例検討会やケースカンファレンスという場合もある。支援を必要とする子どもが安心して学校生活を送ることができるよう、教職員や保護者、関係機関が参加し、子どもへの関わり方や支援の方針、具体的な支援方法などについて関係者全員がチームとして検討していく。ケース会議の目的は、担当者一人では解決が難しい事例でも、様々な人の視点から意見を出し合い効果的な対応策を発見し、解決に向けて行動することである。

構造化

構造化とは、図などを活用して物事や情報を体系的に視覚化することにより、何を求められているのかをわかりやすく伝えたり、設定したりする方法である。米国ノースキャロライナ州のＴＥＡＣＣＨプログラムの中で紹介された。見通しがもてないことに不安を感じやすい自閉スペクトラム症のある子どもの場合は、学習や生活を構造化して示すことで、いつ、どこで、何を、どのように取り組めばよいかが理解しやすくなる。見通しがもてないことで生じる不安を軽減するとともに、必要な情報に注意を集中しやすくなり、安心して自信をもって活動できるなどの効果がある。物理的な構造化、時間の構造化、活動の構造化、流れの構造化、課題の構造化などの工夫がある。

個別最適な学び

文部科学省は「個別最適な学び」を「指導の個別化」と「学習の個性化」に整理している。教師が支援の必要な子どもにより重点的な指導を行うことなどで効果的な指導を実現することや、子ども一人一人の特性や学習進度、学習到達度等に応じ、指導方法・教材や学習時間等の柔軟な提供・設定を行うことなどが「指導の個別化」である。また、教師が子ども一人一人に応じた学習活動や学習課題に取り組む機会を提供することで、子ども自身が学習が最適となるよう調整するのが「学習の個性化」である。「指導の個別化」と「学習の個性化」を学習者視点から整理した概念が「個別最適な学び」であり、教師視点から整理した概念が「個に応じた指導」である。

実行機能

実行機能は、目標を達成させるために計画的に段取りをつけて行動する機能である。目標設定、計画立案、計画実行、効果的遂行などの流れから成り立つ。実行機能の要素としては、行動に必要な情報を整理して目標を立てること（プランニング）、情報を保持し処理する力や記憶しておくこと（ワーキングメモリー）、自分が行っている状況を判断すること（セルフモニタリング）、気持ちや行動を柔軟に切り替えること（シフティング）、行動するために過去の経験を参照すること（情報の更新）、衝動性や感情を抑えて我慢すること（自己抑制）などがある。発達障害のある人は実行機能に課題を抱えている人が多いといわれている。

障害者権利条約とインクルーシブ教育システム

障害者の権利に関する条約の第24条によれば、「インクルーシブ教育システム」（inclusive education system）とは、人間の多様性の尊重等の強化、障害者が精神的及び身体的な能力等を可能な最大限度まで発達させ、自由な社会に効果的に参加することを可能とするとの目的の下、障害のある者と障害のない者が共に学ぶ仕組みであり、障害のある者が「general education system」（一般的な教育制度）から排除されないこと、自己の生活する地域において初等中等教育の機会が与えられること、個人に必要な「合理的配慮」が提供されること等が必要とされている。

自立活動の指導

特別支援学校の教育課程に設けられた、障害による学習上又は生活上の困難を主体的に改善・克服するために必要な知識、技能、態度及び習慣を養う指導である。人間としての基本的な行動を遂行するために必要な要素と、障害による学習上又は生活上の困難を改善・克服するために必要な要素で構成され、健康の保持、心理的な安定、人間関係の形成、環境の把握、身体の動き、コミュニケーションの6区分27項目に分類・整理されている。また、特別支援学級において特別の教育課程を編成する場合には自立活動を取り入れること、通級による指導において特別の教育課程を編成する場合には自立活動の内容を参考とすることが学習指導要領に示されている。

セルフアドボカシー（自己権利擁護）

２００６年に国連で採択された障害者権利条約では、「私たちの事を私たち抜きで決めないで（Nothing About us without us）」をスローガンに、世界中の障害のある当事者も会議に参加した。セルフアドボカシー（自己権利擁護）は、障害や困難のある当事者が、自分の利益や欲求、意思、権利を自ら主張することを意味している。これまで「支援される側」と捉えられていた障害者を、自立的に支援を求める能動的な存在として捉える。合理的配慮は当事者の意思の表明により提供が始まる。障害者は一方的に支援される対象ではなく、自分に必要な支援を主体的に表明し、建設的な対話により配慮が決定されていく。

ソーシャルスキルトレーニング（SST）

ソーシャルスキルとは、人が生きていくうえで必要となる、人間関係やコミュニケーションに関わる「技術」「技能」のことを指す。ソーシャルスキルトレーニング（SST）とは、心理療法として開発されたもので、ソーシャルスキルを訓練で学んでいくものである。対人関係における基本的な知識、自分以外の人の考えや思い、感情などを理解する方法、自分の思考と感情の伝え方、対人関係で起こる問題を解決する方法などを学んでいく。ソーシャルスキルトレーニング（SST）を実践することで人間関係の困難を減らし、社会生活を送りやすくすることが期待される。

適応障害と過剰適応

適応障害とは、ストレスがきっかけとなり心や体に不調が生じ、社会生活に支障をきたしている状態である。適応には、家庭や学校、職場など社会の要求に応じて行動する「外的適応」と、自分の心や気持ちが幸福感・満足感を経験している「内的適応」がある。過剰適応とは、外的適応が過剰になり内的適応が困難な状態であり、相手や環境に必要以上に合わせようと無理をし続ける状態のことを指す。発達障害のある人の中には、周囲の期待や社会常識について知識として理解し、適応していこうと努力することにより、過剰な状態になる場合がある。ストレスの状態に早めに気づく、無理に周りに合わせることを求めないなどの対応が大切である。

同時処理と継次処理

外界からの情報を取り込み脳の中で認知処理する過程には、同時処理と継次処理があり、私たちは得意な処理を多く用いたり、状況に応じて二つの処理を使い分けたりしている。同時処理は複数の情報の関連性に着目し、まず全体を把握してから細部を認識していく処理過程で、継次処理は一つ一つの情報を時間的な順序で順番に処理していく過程である。同時処理が得意な子どもは、複数のことについて同時に考えたり、関係性や規則・ルールを見つけたりすることが得意な傾向があり、意味を手がかりにすると理解しやすい。一方、継次処理が得意な子どもは、経験した手順などを覚える力があるので、部分から全体へ段階を踏む指導が有効である。

二次的な障害

発達障害のある子どもの様々な特性により引き起こされる生活面や学習面、対人関係などの問題は一次的な障害である。一方で、特性に起因して子どもが受ける過剰なストレスなどから起こる二次的な問題を二次的な障害という。つまずきや失敗経験が積み重なり、自己肯定感が低下して引き起こされることがある。さらに、困難なことや苦手なことに対して無理強いなどの不適切な対応が繰り返されると、精神的ストレスや不安感が高まり、適応状態の悪化につながる可能性が大きくなっていく。二次的な障害が起こりやすい時期は、環境の変化が大きい小学校への就学時と、親からの精神的な自立に向けて悩む思春期であるといわれている。

発達障害者支援センター

発達障害者支援センターは、発達障害児（者）への支援を総合的に行うことを目的とした専門的機関である。都道府県・指定都市、または、都道府県知事等が指定した社会福祉法人、特定非営利活動法人等が運営している。発達障害児（者）とその家族が豊かな地域生活を送れるように、保健、医療、福祉、教育、労働などの関係機関と連携し、地域における総合的な支援ネットワークを構築しながら、発達障害児（者）とその家族からの様々な相談に応じ、指導と助言を行っている。発達障害者支援法第3章第14条に基づき、都道府県・指定都市に設置されることになった。

発達障害者支援法

発達障害者支援法は２００４年に制定され、２００５年に施行された発達障害のある人への適切な支援を推進するための法律である。この法律ができるまでは発達障害のある人への支援を明確にした法制度がなく、適切な支援が受けられていなかった。２０１６年の改正で、発達障害者支援法の基本理念として「社会的障壁の除去」という文言が追加され、発達障害のある人が社会生活を営むうえで直面する不利益は、本人ではなく社会の責任であるという考えが明確に示された。これは、障害は個人の心身、機能の障害によるものであるという「医学モデル」ではなく、「障害は個人ではなく社会の方にある」と捉える「社会モデル」という考え方である。

発達性協調運動症（DCD）

発達性協調運動症（DCD）とは、日常生活における協調運動が本人の年齢や知能に応じて期待されるものより も不正確であったり、困難であるという障害である。物を落としたりぶつかったりする、はさみや食器の使用、書字、自転車に乗ること、スポーツがうまくできないなどの問題が生じやすい。発生率は5～8％、運動の練習不足ではなく、中枢神経系の機能障害によって起こると推定されている。自閉スペクトラム症（ASD）やADHDの多くに協調運動の問題が見られるといわれている。協調運動は学校生活でも困難が生じやすく、体育などでうまくできない、休み時間に運動を伴う遊びを避けるなど、劣等感や疎外感が高まり、自己効力感も低くなりがちになる。

ペアレントトレーニング

ペアレントトレーニングとは、環境調整や子どもへの肯定的な働きかけを学び、保護者や養育者の関わり方や心理的なストレスの改善、子どもの適切な行動の促進と不適切な行動の改善を目的としたプログラムである。行動理論を理論的背景としてプログラムが構成されており、行動の理解、褒め方、環境調整、不適切な行動への対応等について保護者が学び、グループワークやホームワークを通して実践をするものである。グループの中で他の親と出会い、自分の子育ての悩みを語ったり、それぞれの子どもに応じた具体的な関わり方や環境調整の工夫を学んだりすることで、子どもとの関わりがポジティヴに変化するための重要な機会となっている。

メタ認知

自分の認知や学習について第三者の視点で客観的に判断・評価する力のことである。メタ認知には、自分の認知特性に関する知識や課題解決の仕方に関する「メタ認知的知識」と、状況をモニタリングしてやり方を調整・修正していく「メタ認知的技能」がある。発達障害の特性のある子どもはメタ認知が苦手といわれている。例えば、他人は自分とは違う価値観をもっているということに気づきにくく、自分の価値観だけで物事を捉えてしまいがちであり、自分の考えていることは他人も当然理解しているはずだと思い込んでしまいやすい。メタ認知の力を身につけるためには、自分の視点だけでなく他者の視点でも物事を捉えられるようになることが大切である。

ＵＤ（授業のユニバーサルデザイン化）とＵＤＬ（学びのユニバーサルデザイン）

授業のユニバーサルデザインは、通常の学級に在籍する発達障害など特別な支援を必要とする子どもの授業参加や理解を促す手立てを工夫することで、在籍するすべての子どもたちが「わかる・できる」授業づくりを目指していく。一斉授業を前提にした子ども同士の「学び合い」を重視した授業づくりに適しているため、「教師の授業力の向上」につながる。学びのユニバーサルデザインは、どう教えるかではなく、どのように学ぶかという「学習者主体の学習」に重きが置かれている。学習に関する具体的なプロセスにオプション（選択肢）を組み込んで、多様な学習者に対応する個別最適な学びによる授業を目指していく。

ワーキングメモリー

ワーキングメモリーは、短い時間に脳内に情報を保持し、同時に処理する能力のことである。作業記憶（作動記憶）ともいう。ワーキングメモリーは、日常生活のあらゆる場面で行動の目標や計画を記憶しておくために重要な脳の働きである。読む能力と流暢な言葉の使用にも重要な役割を果たしている。ワーキングメモリーが十分に機能しないと読む能力に支障が生じることが考えられる。またＡＤＨＤの症状の不注意と衝動性はワーキングメモリーの弱さが関連していると考えられている。例えば、情報を一時的に記憶したり整理したりすることが苦手で、注意すべきことがわからない、忘れ物をしてしまうことなどにつながっている可能性がある。

（笹森　洋樹）

【執筆者一覧】（執筆順）
笹森　洋樹　　常葉大学教育学部
安居院みどり　神奈川県横浜市立共進中学校
飯島　知子　　静岡県磐田市立磐田北小学校
渡辺　奈津　　神奈川県公立小学校
大島竜之介　　静岡県函南町立函南小学校
井上　秀和　　国立特別支援教育総合研究所
滑川　典宏　　国立特別支援教育総合研究所
進藤　匡亮　　神奈川県横浜市立幸ケ谷小学校
重田　剛志　　神奈川県川崎市立東住吉小学校
川上　賢祐　　神奈川県横浜市立八景小学校
杉浦　里奈　　埼玉県熊谷市立熊谷西小学校
埴淵かおり　　静岡県御前崎市立白羽小学校
本田　　篤　　神奈川県横浜市立左近山小学校
松原　一恵　　大阪府池田市立呉服小学校
山浦みずほ　　長野県東御市立和小学校

【監修者紹介】

笹森　洋樹（ささもり　ひろき）

常葉大学特任教授。通級指導教室担当教諭，教育委員会指導主事，独立行政法人国立特別支援教育総合研究所発達障害教育推進センター上席総括研究員（兼）センター長を経て現職。文部科学省の特別支援教育に関する諸会議の委員等歴任。著書に『発達障害支援者のための標準テキスト』（編，金剛出版，2024）等多数。

【編著者紹介】

井上　秀和（いのうえ　ひでかず）

独立行政法人国立特別支援教育総合研究所発達障害教育推進センター総括研究員。同研究所、令和３～４年度重点課題研究「通常の学級に在籍する多様な教育ニーズのある子供の教科指導上の配慮に関する研究」の研究代表。文部科学省「通常の学級に在籍する特別な教育的支援を必要とする児童生徒に関する調査（2022）」の特別協力者。

〔本文イラスト〕松田美沙子

学級担任のための子どもの発達が気になったら
まず読む本　授業づくり編

2025年５月初版第１刷刊　©監修者　笹　森　洋　樹
編著者　井　上　秀　和
発行者　藤　原　光　政
発行所　明治図書出版株式会社
http://www.meijitosho.co.jp
（企画）新井皓士・木村　悠（校正）染谷和佳古
〒114-0023　東京都北区滝野川7-46-1
振替00160-5-151318　電話03(5907)6703
ご注文窓口　電話03(5907)6668

＊検印省略　組版所 朝日メディアインターナショナル株式会社

Printed in Japan　ISBN978-4-18-904521-2